학계의 금기를 찾아서

차례
C o n t e n t s

03학계의 금기를 말하며 06스승 비판 15전공불가침의 법칙
23논문 형식의 실험 32이성의 세계에서 추방된 주제들 40생존
인물에 대한 탐구 46진보 없는 보수, 보수 없는 진보 54김우창
혹은 학제성 63참을 수 없는 생태의 비생태성 71문화비평에
'문화'와 '비평'이 없다 78대중적 글쓰기의 허구성 86근대성 콤
플렉스

학계의 금기를 말하며

이 책은 내가 교수신문에서 학술기자로 활동하면서 느낀 학계의 고질적인 문제점들을 나름의 시각에서 주제화해서 정리하고 비판한 것이다. 대부분의 주제들이 사람들에 의해 이미 거론된 바 있고, 이 책에서 처음 제기된 것은 거의 없다. 한마디로 학계의 '고질적인' 문제들을 반복해서 비판한 셈이다. 그걸 일반인들이 알기 쉽게 한 자리에 모아놓았다는 것에 이 책의 의미가 있다면 있을 것이다.

이 책에서 내가 다룬 낡은 주제들은 '학계의 금기'라는 이름으로 불리고 있다. 하지만 건드리면 안 되는 성역으로서의 금기는 아니다. 종교적인 차원의 '밀봉영역'과는 다르다는 말이다. 자세히 살펴보면 알겠지만 학계의 '구조적인 한계'와 '무의식'을 다루고 있다.

'구조적 한계'는 너무 상투화돼 그 의미가 모호한데, '구조개혁'을 필요로 하는 문제라는 것이다. 건물의 간판을 뜯거나 칠을 새로 해서 고칠 문제가 아니라 최소한 구들장 정도는 뜯어본다든지, 대들보를 밀어본다든지 해야 한다는 것이다.

그런데 기초가 부실해서 언제 무너질지 모르는 집에 사는 걸 지적하고 공감하는 일은 무슨 의미가 있을까. 도(道)를 통하신 분들은 '아는 게 병'이라 하겠지만, 많은 사람들이 '보수공사'를 하자, '이사'를 가자, '민원'을 넣자는 제안을 할 것이다. 구조적 문제는 이렇게 여론을 만들어 돌입할 대형공사다. 따라서 나는 학계의 구조적 문제의 '구조'를 최대한 성심껏 들여다보고, 문제가 지붕에 있는지 대들보에 있는지를 밝히려고 노력했다.

그 다음으로 다룬 것이 '무의식'이다. 복잡하게 말할 것 없이 무의식은 청개구리와 같은 것이다. 의식은 '노'(no)라고 하는데 무의식은 '예스'(yes)라고 하는 경우가 학계엔 의외로 많다. 생태주의자들은 현대사회의 반생태성을 비판하지만 자신들 논리의 반생태적인 부분을 모르는 경우가 있다. 문화평론가들도 자신들의 글에 '문화'와 '비평'이 빠져 있고, 오히려 자신들의 글쓰기가 '문화비평'의 대상이라는 점을 인식하지 못한다. 우리 학문의 미국의존성을 비판하는 사람들도 자신이 유럽 의존적이라는 점을, 민족 의존적이라는 점을 모르고 있다. 정말 우리 주위에 얼마나 많은 희극(戱劇)이 존재하는지 모른다. 진정한 공부는, 아니 진정한 '사유'는 사유하기를 통해 형성되지 않은, 즉 교육되고 주입된 자신의 무의식을 발견하고, 그것을 객관적 의식공간에 올려놓고 점검하는 과정이다. 그리고 진정한 실천은 단순하게 '언행일치'를 잘 감시한다고 해서 생겨나는 게 아니라 의식과 무의식의 건강한 타협에서 비롯된다고 나는 믿고 있다. 그런 점이 읽혔으면 하는 바람이다.

교수들과 대화하고 취재하면서 많은 점을 배운다. 이 소책자를 통해 나는 전문가들에게 귀동냥한 이야기로 그들을 역공격한 배은망덕자가 됐다. 이해해 주시리라 '감히' 믿는다. 많은 부분 어설프기도 하겠지만, 가려운 부분을 긁어준 점도 있을 것이다. 이만한 결과라도 이끌어내게 도와준 많은 교수들과, 그리고 나의 구조적 한계와 무의식을 일깨워준 최영진·최익현·최성일, '쓰리 최' 선생님께 감사드린다.

스승 비판

동양적 미덕에 가려진 '금기의 비판'…
생산적 논쟁의 원류 기대

우리 학계의 금기 중의 금기로 여겨지는 스승 비판을 다루려 하니 어디선가 불호령 소리가 들리는 듯하다. 요즘처럼 강의 평가다 뭐다 해서 사제지간이 서먹해지고, 명절 때 한 번씩 찾아뵙는 미담도 드문드문해지는 때에 어디서 그런 오랑캐 나라에서 올라온 한랭전선 같은 애기를 하느냐고 말이다. 스승과 제자는 설사 뜻이 다르더라도 서로 보듬어 주고 외부 적들의 공격에서도 서로를 적극 비호해 주어야 할 사이거늘……, 하는 타이름도 들려온다.

스승 비판은 분명 당위론의 차원에서 논할 문제는 아닌 것 같다. 스승에 대한 비판이 간절한 상황에 학계가 직면해 있다고 보기는 힘들기 때문이다. 사실 스승 비판보다는 스승에 대한 제대로 된 '이해'와 '객관적 자리매김'이 없다는 게 더 큰 문제다. 따라서 질문은 다른 식으로 제기되어야 할 것이다. 우리 학계가 공유하고 있는 스승 비판에 대한 일반적인 상(像)이 심각하게 일그러져 있지는 않은지, 한 번 되돌아볼 필요는 없는지 하고 말이다.

학계에서 '스승 비판'은 일종의 기회주의적 배반행위로 받아들여지고 있다. 그것은 조선시대의 성리학의 유산이 짙게 드리워져 있기 때문이다. 남명 조식의 수제자인 정인홍으로부터 스승 조식을 존숭하지 않는다고 낙인찍힌 유학자 정구(鄭逑), 송시열을 비판한 것으로 유명한 윤증 등이 먼저 떠오른다. 선조임금에게 "율곡의 학문은 탁상공론에 불과하옵니다"라고 아뢴 율곡의 제자 정여립이 "너는 어찌 스승의 험담을 함부로 하는 것인가"라고 눈이 둥그레져 묻는 선조에게 "신은 이미 율곡의 생전에 그와의 사제의 연을 끊었사옵니다"라고 말했다는 사연도 유림(儒林)의 야사(野史)에서 빠지지 않는 이야기다. 여기서 센서를 작동해야 할 부분은 '정당한 비판'이 '배신행위'로 기록돼 왔다는 사실이다. 이는 이들 '배반자'들에 대한 후대의 연구에서 밝혀지고 있다. 그렇다면 정당한 비판도 이럴진대, 스승에 대한 아주 치졸한 수준의 인신공격은 어떠할까. 우리 사회의 일그러진 '스승비판'에 대한 상식에 이런 추문들이 덧입혀지면서 스승비판이라 하면 이전투구를 떠올리고, 학문적이지 못하며, 속셈이 따로 있다는 식의 선입견이 강화되고 고착되는 측면이 있다.

합리적 비판은 담론 융성의 긍정적 계기로 작용

하지만 공론화되지 않은 스승에 대한 제자의 용감한 비판이 학계에 '쓴 약'으로 작용하는 사례들도 있다. 이것은 크게 두 갈래로 나누어 살펴볼 수 있다.

첫째, 학문적 비판이다. 박사 학위 논문이나 학술 행사장에서 종종 이런 일이 벌어진다. 이것은 학문 패러다임의 대립과 학설의 대립으로 세분화가 가능하다.

둘째, 스승의 행적에 대한 비판이다. 이를테면 군부 시절 정권에 봉사했던 학자들에 대한 제자들의 문제 제기(고 최종욱 국민대 교수가 대표적 논객으로 꼽힌다)가 그렇다.

이종욱 서강대 사학과 교수의 박사 학위 논문에 얽힌 사연을 들어보면 '제자의 고언을 받아들이는 아량'이 때로는 필요하다는 것을 알 수 있다. 이 교수의 문제의 논문은 고대사 연구의 패러다임 자체를 부정하는 것이었고, 당시 지도 교수였던 고 이기백 교수는 그동안의 고대사 연구의 체계를 집대성한 대표적 학자였다. 직접 스승을 논하지는 않았지만 결과적으로는 스승이 평생 이뤄 놓은 연구 업적 전체에 대해 학술적 사망 선고를 내린 것이라 할 수 있다. 하지만 결과는 무사통과였다. 이기백 교수는 "비판의 여지는 있지만 문제 제기가 합리적"이라고 오히려 격려까지 해 주었다고 한다. 이종욱 교수는 이런 격려에 힘입어 지금껏 줄기차게 주류 고대사학에 도전하는 연구를 십수 년간 해 올 수 있었고, 이 교수의 작업은 고고학 분야의 최신 연구 성과들과 동료 교수들의 참여와 맞물려 고대사학 패러다임 자체를 쟁점화하는 데 성공했다.

요즘 우리 사회에 고구려사를 중국에 빼앗기지 않기 위해 학계와 문화계가 마치 럭비공을 안고 뛰듯이 좌충우돌하며 역사수호의 담론을 펼치고 있다. 고구려사에 대해 학계에서 다양한 이설(異說)들이 나와 서로 토론하고 공부했다면 오늘날 중국이 던진 계란에 맞고 바윗돌을 던지는 무모한 짓은 하지 않아도 되었을 것이다. 학계가 천편일률적으로 하나의 사관(史觀)에 묶여 있으니, 하나의 가설이 부서지면 대안이 없는 것이다. 역사에 대해 몇 개의 가설을 세우고 그 가설들을 모두 민족사의 내용으로 수렴하는 작업들을 왜 진작 하지 못했을까 하는 아쉬움이 든다.

좀 지난 이야기이지만 『조선유학사』를 저술한 현상윤 고려대 교수에 대한 이상은 고려대 교수의 작업도 스승비판의 좋은 사례가 된다. 현상윤의 학문적 후배인 이상은은 선배의 회심의 저작 『조선유학사』의 서문 '유학의 功罪論'을 쓰면서 고언(苦言)을 던진다. 현상윤이 유학의 긍정적 측면에 대해 너무 소극적이라고 맹비판을 펼친 것이다. 사실 『조선유학사』란 책은 일제 때 유학이 뒤집어썼던 망국책임론을 거두어들이려는 시도였음에도 불구하고 말이다. 홍원식 계명대 교수는 이 사건을 두고 "이 교수의 정면 비판은 당시 의기소침했던 유학 전공자들에게 유학의 현재성을 본격적으로 검토할 수 있는 논의의 지평을 제공했다."라고 해석하고 있다.

황패강 단국대 명예교수(국문학)는 소싯적엔 스승을 비판하고 세월이 흘러서는 제자들에게 비판을 당한, 스승 비판의 주객체로 등장한 드문 사례이다. 젊은 시절 그는 「처용가」 등

향가 해석에 있어서 스승과 정반대되는 학설로 박사 논문을 펴내 화제를 불러일으키며 지난 30여 년간 독자적인 향가론의 일가를 일구어 왔다. 황 교수는 자신의 정년퇴임 모임에 참석한 90여 명의 제자와 후배들 앞에서 그동안 자신의 학설에 제기된 제자, 후배들의 비판을 수용해 자신의 논문을 수정한 결과를 발표하는 진풍경을 연출하기도 했다.

중증 앓는 학문 공동체의 권위적 가족주의

물론 스승 비판이 이렇게 아름다운 결과를 맺은 일은 드물다. 대학원생은 논문 주제를 결정할 때부터 지도 교수가 허락하는 범위 내에서 찾아야 한다. 석사 논문에서 한 저명한 학자의 표절 문제를 제기했다가 결국 학교를 떠난 문학 평론가 이명원 씨의 사례는 스승의 스승을 비판했다가 문제가 불거진 경우다. 결국 이 씨는 학교에 자퇴서를 내고 떠나면서 이런 글을 남겼다.

적어도 나 자신의 연구 방향과 관련하여 내 모교에는 희망이 없다는 판단이 든다. 정당한 문제를 제기해도 이미 나는 '왕따'다. 금기를 건드린 자는 그 자신이 금기가 된다는 말을 폴 리쾨르는 『악의 상징』에서 적어 놓은 바 있다. 내가 바로 그 금기가 된 셈이다.

이 글과 관련해 저간의 사정을 볼 때 대학원은 어떻게 보면 '반대할 자유조차 없는' 공간, 위계화된 봉건적 신분 사회의 멘탈리티가 지배하는 곳이다. 스승에게 갑자기 전화라도 오면 일어서서 "예, 선생님" 하고 대답하는 본능적 순종의 습성은 이의 제기 자체를 기이하고 낯선 행위로 만들어 버린다. 그런 낯선 행위를 하는 이는 시범 케이스로 낙인찍히고 추방되는 게 예사다.

이에 비하면 박노자 오슬로 대학 교수가 노르웨이로 부임해 갔을 때 "좌우는 있어도 위아래는 없고, 스승과 제자가 구분이 안 되는" 모습을 인상 깊게 보고 한국과의 격차를 느꼈다고 쓴 신문 칼럼의 한 대목은 음미할 만하다. 언어 자체에 존대가 없는 문화적 특성 때문이기도 하겠지만, 박 교수의 눈에 이 모습은 "스칸디나비아 사회주의의 튼튼한 심성적 바탕"으로 여겨졌다. 외국의 경우 스승 비판이 이슈가 될 수 없을 만큼 토론 문화가 강하기 때문에 비교하기가 머쓱한 측면이 있다.

대학이 우리 사회의 고질적인 모순인 서열주의, 인맥주의를 발원시키는 수원지라는 오늘날 학자들의 견해는 그 밑바닥에 도사린 '원죄 의식'으로서 스승 비판을 주목하게 만든다. 프로이트식으로 말하면 그것은 극복할 수 없는 슈퍼에고라 할 수 있다. 한 시인은 "아버지를 이긴 날, 바람 부는 강가에 나가 갈대밭에 엎드려 꽃뱀처럼 울었다."고 외쳤다. 한국의 대학에서는 아버지는커녕 고조할아버지도 비판할 수 없는 성역에 모셔져 있다.

김민수 전 서울대 교수는 서울대 미술대학을 설립한 장발 박사의 친일 행적을 비판했다가 재임용에서 탈락당한 후 6년째 복직 투쟁 중이다. 미술학과의 비조(鼻祖)를 땅바닥에 내리

11

꽂는 비판을 했으니, 봉건적 가족주의의 틀 속에서 생각해 볼 때 학과 교수들에 의한 재임용 탈락은 어쩌면 필연적 응징이 었을지도 모르겠다. 여기에 친일을 곧 죄악시하는 우리 사회의 풍토를 고려한다면 '역사적 자아'로서 자신에게 드리워진 그늘을 청산하려는 순수한 노력조차도 수용되기 위해선 많은 시간을 기다려야 할 것 같다.

스승 비판은 그 내용에 비해 지나치게 부풀려 받아들여진다. 금기이기 때문이다. 그리고 그 금기의 영역이 너무 넓다는 것도 문제로 작용한다. 스승뿐 아니라 동료들의 저술조차도 언급 자체를 꺼리는 일도 여기서 비롯된 듯하다.

자연과학의 경우도 예외는 아니다. 특히 의학계의 경우 같은 학교 출신을 유난히 강조하는 혈통주의에 막혀 있다는 보도를 심심찮게 접할 수 있는데, 학자 간 비판 정신이 실종된 이런 모습을 ○병원의 한 산부인과 교수는 "복강경을 이용한 수술이 세계적 추세인데도 원로 교수가 외과적 수술 방법만을 고집해 신기술 도입은 엄두조차 못 내고 있다."는 말로 털어 놓기도 한다. 또 포경 수술이 비인권적이란 의견도 스승과 선후배 사이의 카르텔 속에서 묻히고 있다.

학문적 스승 비판은 시기상조라는 의견도

최근 들어 본격적인 스승 비판의 사례라 볼 수는 없겠지만, 학계의 세대 청산 차원에서 대가들을 비판적으로 조명하는 자리에서 스승을 논하는 풍경들이 생겨나는 것은 반가운 일이다. 고 박종홍 서울대 교수(철학)에 대한 학계의 비판적 문제 제기가 최근 김석수 경북대 교수를 중심으로 제기되고 있는데, 김 교수는 그러나 "평소에 마르크시즘 철학을 하는 등 몇몇 손자뻘의 서울대 교수들이 박종홍 선생에게 비판적 생각을 갖고 있었으나, 대회 당일에는 별다른 의견을 보여 주지 못했다."라고 그 한계를 지적했다. 몇 년 전에는 「무애」라는 문예지가 창간 특집호에서 황병하, 문홍술, 방민호, 신철하 등 소장 비평가들을 내세워 작심하고 김우창, 백낙청, 김윤식, 유종호 등을 비판한 적이 있다.

그런데 이런 '넘어서기' 차원의 비판은 작위성이 너무 두드러지고 일종의 쇼로 기능하는 측면이 짙다. 안타까운 것은 박종홍 교수에 대한 비판 역시 그의 행적에 초점이 맞추어져 있고, 학문 내부의 체계에 대해서는 손을 대지 못하고 있는 실정이다.

저간의 사정에 비추어 볼 때 "스승 비판이 문제가 아니라 스승을 넘어서지 못하는 게 문제"라는 이병천 강원대 교수(경제학)의 말은 일리가 있다.

또한 진정한 의미의 학문적 넘어서기로서의 스승 비판이 갖는 역할을 주목해 볼 때, 한국의 경우 스승으로 표상되는 학문적 기득권이 하나의 학파나 흐름조차 제대로 형성하지 못한 상황에서, 개개인에 대해 학문적 비판을 가한다는 것이 얼마나 큰 의미가 있겠느냐는 지적도 나온다. 한국 학계의 문제는 비판을 통한 넘어서기보다는 자체 심화의 단계가 더욱 시급한 문제라는 인식이 널리 퍼져 있는 것이다. 그런데 스승비판이 필요한 부분이 비효율적인 학문의 방법론, 잘못된 가설 등이라는 점을 고려해볼 때 비판없는 '동종교배'로 '심화'가 가능할 지는 의문이 아닐 수 없다.

과거에도 현재에도 금지선을 넘는 호루라기 소리는 계속 들려온다. 역사적으로 보아도 아리스토텔레스는 플라톤을, 프로이트는 샤르코를, 아이슬러는 쇤베르크를, 윤증은 송시열을 비판하고 넘어서면서 자신의 세계를 구축했다. 스승 비판이 단순히 몹쓸 짓이나 불필요한 일로 치부될 게 아니라, 학자로서 한 단계 상승하기 위한 관문으로 인정되는 똘레랑스가 아쉽다. 오늘날 스승이란 이름으로 옹호되는 것이 진정 스승의 가치인지, 아니면 보스를 배반할 수 없다는 조직원의 심정인지, 혹은 스승이라는 이름으로 포장된 집단 이기주의에 대한 힘찬 타협의 악수인지를 냉철하게 성찰해 볼 때다.

전공 불가침의 법칙

전공주의에 갇힌 '침묵의 카르텔'…
경계 가로지르는 지적 모험 필요

전공과 연구 방식이 다르다는 등의 이유로 동료 학자나 인접 연구자에 대한 언급을 회피하는 '전공불가침' 조약은 학계의 오래된 묵계다. 좋은 뜻에서 보자면, 전공 영역의 상호 인정은 신사협정일 수 있다. 그러나 경제, 정치, 사회, 문화로 명료히 나누어지는 근대(近代)를 지나 정치경제와 사회문화로, 그리고 그보다 훨씬 광범위한 범위의 지적 제휴가 불가피해진 오늘날, 학문 간 벽 쌓기 또는 전공 영역 안에서의 칩거 형태는 매우 모순적인 양태로 비쳐진다. 학계의 이런 '전공불가침'의 문제점을 세세히 따져 볼 필요가 있다.

'전공불가침'으로 포괄된 평가 회피 풍토는 구조적인 면에서 볼 때 다양한 원인과 행태, 여러 가지 변종들이 얽혀 있는 복잡한 문제다. '사이'라는 관계성에서 보더라도 자연과학과 인문과

학의 단절, 같은 학문에서 세부 전공자 사이의 단절, 그리고 같은 주제를 전공하면서 연구 방식이 다른 학자 사이의 단절 현상이 있다. 또 그 원인은 다양하게 짚어질 수 있다. 심리학자는 한국인이 워낙 눈치 국민 아니냐고 할 것이고, 사회학자는 학제 간 커뮤니케이션 시스템을 해부해야 한다고 할 것이고, 정치학자는 권력이론으로 그리고 경제학자는 "경쟁자의 행동을 예측해 자신의 이익을 극대화시키려는" 게임이론(game theory) 차원에서 실마리를 풀어 갈 수 있다고 말할지도 모르겠다.

둘째, 전문가와 비전문가의 대립으로 제기해 볼 수도 있다. 타 전공에 대한 말 걸기는 비전문가의 지나가는 충고나 심지어 '잡소리'로 여기는 풍토가 만연해 있기 때문이다. 재야의 학술 업적에 대한 제도권의 전통적인 냉대도 전문·비전문의 권역에 포함된다고 볼 수 있다.

"재야 학자들은 고립돼 있다. 혼자 자료를 보고 혼자 생각하다 보니 비판적인 지적을 받을 기회가 없어 시행착오를 많이 겪는다. 만약 학계와 교류할 수 있었다면 기간을 반으로 줄일 수 있지 않았을까 생각한다."라는 재야 미술사학자 서정록 씨의 말은 사정을 잘 알려 준다.

눈치 보기, 정체성 고민, 동업의식의 관행들

마지막으로 학문에 대한 개념 설정을 어떻게 할 것이냐는 점에서 이 문제를 살펴볼 수도 있다. 가령 학문을 엄밀한 논리적 진술 체계로 간주하느냐, 아니면 현실과의 끊임없는 교호 속에서 변화해 가는 것으로 간주하느냐에 따라, 아니 그 가운데 어떤 것에 무게감을 두느냐에 따라 전공불가침에 대한 입장이 다를 것이다. 과학성이란 바벨탑을 쌓기 위해 달려온 한국 학계는 외도(外道)를 단속하면서 학제 간, 전공 간 대화를 막아 왔다.

또 있다. 이런 침묵의 카르텔은 "공자를 전공하면 공자가 옳고, 플라톤을 전공하면 플라톤이 옳다."라는 전공주의에 책임을 물을 수도 있다. 이들에게는 자신의 전공이 일종의 '로마'다. 모든 길이 로마로 통하듯 세상의 다양한 현상을 자신의 전공에 통과시켜서 이해하고 조립한다. 이것은 학계 인력이 얼마 되지 않아 박사 논문 하나로 평생을 우려먹을 수 있었던 과거에는 정말 가관이었고, 요즘처럼 전공자가 많아진 상태에서는 훨씬 미시화되어 이어지고 있다.

이렇게 펼쳐 놓고 보면, 다른 영역에 대한 말 걸기는 해석 공동체의 헤게모니적 긴장을 눈치 보고, 학문하는 자세와 전문가·비전문가의 위치에 대한 고민을 안겨 주며, 동업자 간에 식량 문제를 건드릴 수 있느냐는 자조적 내면 탐색도 요구하는 복잡한 문제가 된다.

어떤 이들은 요즘 들어 학제 간 연구와 대화가 많이 진행되고 있지 않느냐 하고 자문할 수도 있다. 하지만 일감을 나눠 들고 분업해서 완제품을 조립하는 이른바 포드 식의 '생산 시스템'을 해체와 재조립을 거듭함으로써 질적 도약을 내다보는 엄정한 평가 문화와 혼동할 수는 없는 일이다.

"잘 알지도 못하면서 그런 말을……"

지난 2001년 교수신문과 학술지 「오늘의 동양사상」(예문서

원) 사이에 6개월 동안이나 지속되었던 동·서 철학자 간의 난타전은 학자 세계에서 타 전공 비판이 왜 어려운지를 상징적으로 보여 준다.

서양 형이상학을 전공한 김진석 인하대 교수가 동서양 철학의 전반적인 문제를 짚으면서 동양 담론의 거품을 지적했는데, 이 글이 나간 후 동양철학계는 "잘 알지도 못하는 사람이 어디서 그런 얘길 하느냐!"고 발칵 뒤집혔다. 그러다가 「오늘의 동양사상」이 학제적 대화를 시도하기 위해 서양철학자 이진우 교수, 동서 비교철학자 김형효 교수, 영문학자이자 불교사상에 심취한 박경일 교수 등 다양한 사람들을 참가시켜 학제적 논쟁을 벌였지만 결과는 그리 생산적이지 않았다. 서로의 논점이 너무 확연히 달랐기 때문이다.

최근엔 교수신문에서 철학자이면서 문학 평론을 하는 김진석 교수의 문학평론집 『소외에서 소내로』(문학과지성사)에 대해 문학 평론가 김수이 씨가 서평을 쓰면서 두 학자 간 논쟁이 붙었으나, 김진석 교수는 "평가의 관점이 너무 달라" 재반론 쓰기를 거절하기도 했다. A라는 화제에 대한 두 사람의 다른 견해가 부딪쳐야 하는데, 한 사람은 A를 말하고, 다른 사람은 B를 말하니 논쟁이 안 된다는 것이다.

이렇듯 전공 내부에서 지켜지는 '대화의 규칙'을 '학제성'의 영역에서도 관철시키려는 의식적·무의식적인 관행 때문에 타 전공과의 생산적 대화는 무산되기 일쑤다. 내가 볼 때 위의 두 사례에서는 동양철학자들이나 문학 평론가 김수이의 논쟁에 임하는 태도에 문제가 있다고 생각한다. 문제를 제기한 측이 마련한 '무대'로 올라와서 싸워야지, 자신의 홈그라운드에서 마이크에 대고 지르는 소리는 아무리 봐도 '진검승부'의 자세가 아니다.

홍성민 동아내 교수(정치학)는 「한국 학문의 정체성과 학자들의 아비투스」라는 글에서 지식인의 학문적 활동이 사회적 제약에서 자유롭다는 환상을 버려야 하고, 지식 생산의 일정한 학문적 전제가 발휘하는 상징적 폭력을 자각하라고 주문한다. 그리고 해석공동체 속에서 진행되는 '사용할 수 있는 용어'와 '사용할 수 없는 용어'라는 이분법적 배제를 문제 삼고 있다. 홍 교수는 이런 전제 아래 하이데거를 전공하는 철학자들의 텍스트주의를 정치학적 관점에서 비판하고 있다. "『존재와 시간』의 난해성은 하이데거가 당시 카시러와 후설로 대표된 신칸트학파에 대해 적대적이었으나 이를 고도의 형이상학적 언어로 은폐하고 있었기 때문"이라고 말하며 "하지만 이것을 하이데거의 정치적 의도 운운할 게 아니라, 그의 학문적 성향과 무의식 즉 학자적 아비투스가 형성되는 과정"으로 보라고 덧붙인다. 그렇다면 서구 철학을 해석하기보다, 번안하고 주석하는 수준에 머문 한국 서양철학계가 사용하는 언어의 '난해성'은 부르디외의 아비투스 이론으로 볼 때 어떤 결론을 유도할 것인가.

홍성민 교수 식의 타 전공 비판은 정당할 뿐 아니라 때로는 필요하다. 가장 비근한 사례를 우리는 아카데미에 갓 입성한 '영화학'에서 엿볼 수 있다. 영화학자들은 비전문가들(인문학, 사회과학, 문인)이 영화를 논하는 게 영화를 타 학문에 종속시키는 도구화를 낳고, 비전문적이고 단편적인 해석에 머문다며 '영역 침해'를 주장한다. 하지만 이야말로 전공이라는 밥그릇을 드러내 놓고 사수하려는, 안쓰럽기까지 한 풍경이다. 우리 나라의 영화학이 영화학이라고 할 수 있나 하는 의문이 먼저 들며, 외국의 이론을 독점적으로 그들의 커리큘럼에 따라 학습했다고, 그런 과정을 거쳐 국내 교수에 임용이 되었다고 그가 영화에 대해 전문가라고 볼 수는 없다.

그리고 영화 평론가 정영권이 「모든 학문과 지식으로부터 배우자」란 글에서 잘 주장하고 있듯이 '타 학문 종속론'도 사실과 다르다. 과연 철학이나 법학을 위해 영화를 끌어들이면 그게 도구화인가? 정영권은 순수하게 영화를 영화로 파악하는 것이 가능한가를 묻고 있다. 또한 정영권은 비전문성 문제도 영화학자들의 글쓰기가 고도의 전문성을 갖추고 있는가를 비교해 볼 때 확신할 수 없고, 단편성의 문제 또한 논문 형식주의에서 비롯된 발상이라고 일축하고 있다.

영화학자로서의 정영권은 안경환 서울대 교수가 쓴 『이카루스의 날개로 태양을 향해 날다』에서 많은 도움을 받았다. 정영권은 안 교수가 영화 「뉘른베르크의 재판」을 이야기하면서 제2차세계대전 직후 나치의 전범 재판에 적용된 국제법의 원칙, 영화 속 변호사·검사·피고 등의 증언에 내포된 정치적 입장 등을 자세히 설명한 것에서 명쾌한 해석을 얻었다. 반면에 철학자 조광제가 영화 「블레이드 러너」를 논하면서 하이데거의 형이상학을 끌어들여 난해한 메시지의 영화를 더 이해할 수 없는 것으로 만든 점이나, 안 교수의 영화 분석이 미국을 미화하는 것에 대해서는 논리적으로 비판할 수 있다고 그는 말한다. 영화 전공자가 역사학자 마르크 페로의 『역사와 영화』는 읽으면서 한국의 역사학자 연동원이 쓴 『영화 대 역사』를 외면하는 이유가 무엇이냐는 그의 실문은 예리하다.

논문주의의 울타리를 벗어나라

논문이 아니면 상대를 안 하는 '잡문 기피증'도 대화를 막는 걸림돌이다. 이에 대해서는 김영민 부산대 교수가 1990년대 중반부터 예리하게 지적해왔지만, 학계의 관행은 복지부동이다. 얼마 전 복직된 마광수 연세대 교수 사건에서 그 실정을 찾아볼 수 있다.

마 교수가 2000년 6월 말에 재임용을 위한 업적물로 에세이집 『자유에의 용기』, 문화 비평집 『인간』, 장편소설 『알라딘 신기한 램프』 등 단행본 3종, 논문 및 기고문 6편, 2편의 단편소설 등을 제출했을 때, 국문과 인사위원회는 '학문적 능력의 결함'을 이유로 재임용 불가 결정을 내렸다.

이 문제는 결정의 타당성을 두고 학술 권력 문제와 지식인의 글쓰기가 어때야 하는가라는 논쟁을 재연시켰다. 계간 「사회비평」에서 문학평론가 장석주 씨는 "서론, 본론, 결론의 구도 아래 구축하는 글쓰기, 이러저러한 각주가 따라붙고, 연구사 비판과 연구 방법이 적시되는 글쓰기를 통해서만 학술적 가치와 의의를 온전히 실현할 수 있는가?" 하고 문제 제기를 하고 있다. 군이 니체나 벤야민의 탈(脫)규범을 떠올리지 않더라도 우리는 "글쓰기의 영도(零度)같은 건 없다."라고 답변할 수 있다. "논문은 공시적 구조나 틀이 아니며, 기호론적 관계로 환원될 수도 없다."라든지, "학문은 창의이기 이전에 관습이며, 천재이기 이전에 모방이며, 상상이기 이전에 전통에 지나지 않는다."라는 탈논문주의자들의 주장도 꾸준히 제기되어 왔던 탓이다.

이런 문제들에 대해 그동안 꾸준한 문제 제기를 해 온 사람들은 주로 '전공이 불확실한' 한국적 학문을 모색하는 학자들이었다. 하지만 자생 학문을 하는 사람들에게 돌아온 서양학자들의 반응은 '서양적 개념'이 아니라는 것이고, 동양학자들의 반응은 '동양적'이 아니라는 것이었다. 이 얼마나 지성적이지 못한 태도인가?

논문, 전문성, 과학성, 본래성 등으로 운위되는 전공자들의 자리 고수는 '단선성'과 '전체성'에 대한 강박성을 포함한다. 불완전한 것을 용납 못하는 순결성의 강조는 근대사 전공자가 고대사 사료는 읽지도 못하게 하는 편식증을 당연한 것으로 여기게 한다. 전공주의의 안락한 울타리를 벗어나 동시대의 동학들과 진지한 논박을 벌이려는 노력 없이 우리 학문은 바다 건너편의 시아버지를 모시는 며느리 신세를 면치 못할 것이다.

논문 형식의 실험

각주에 갇힌 글쓰기...

탈형식 학술 무크지 등장

학문의 탈(脫)식민성을 논할 때 화제의 중심에 오는 것이 논문의 형식이다. 학계의 지나친 형식 집착증이 정신의 서구 의존성을 가려 주고 학자들을 매너리즘에 빠지게 해 결국 삶에서 겉돌고 헛도는 무익한 논문들을 양산해 낸다는 비판은 계속 제기되어 왔다.

하지만 새로운 형식이나 글쓰기의 모색은 쉽지 않다. 형식을 건드리는 것은 여전히 금기에 해당하기 때문이다. 섣불리 튀었다가는 기본이 안 돼 있다는 소리를 들을 뿐 아니라, 학술지 게재 문제부터 시작해 업적 평가까지 일련의 피해를 보기 십상이다.

새로운 글쓰기를 가로막는 금기들

가령 역사학계에서 이단아로 소문이 난 김현식 한양대 교수는 소설적 기법을 역사 서술에 끌어들이고 있는데, 얼마 전 '서양사학회'에 논문을 기고했다가 에세이 코너로 밀려서 게재된 바 있다. 리뷰 아티클의 틀을 너무 많이 벗어났다는 게 이유였다. 그러나 이 정도면 양호한 편이다.

학술진흥재단의 등재(후보)지 평가 제도가 만인의 관심사로 떠오른 지금 '알아서 기며' 딱딱 형식을 맞추는 것이 제1의 과제로 여겨지기까지 한다. 논문을 완성하느라 머리털이 곤두선 연구자들은 줄 간격 맞추고 글자 포인트 조정하느라 스트레스가 이만저만이 아니다.

이기상 외국어대 교수의 말을 들어보자.

이 교수가 이끄는 '우리말로 학문하기' 모임은 얼마 전 갈림길에 섰다. 2년간 학회지 발간을 지원해 준 출판사와의 계약이 만료되어 학회지 「사이」의 차후 출간이 불안정 국면에 접어든 것. 이참에 등재지를 노리고 논문성을 강화해 볼까도 생각해 보았지만, 한국학술진흥재단(학진) 휘하의 학회지들이 펼치는 논문 유치 경쟁과, 엄격한 심사 요건을 만족시키기 위한 각종 편법 행위를 목격하고는 입맛이 딱 떨어졌다. '우리말 모임'의 애초 취지도 있는지라 제도권은 포기하기로 결정했다.

그래서 내놓은 대안은 단행본 무크지로 학회지를 기획해 나가자는 것. 다음호에서는 '현대의 신화'를 주제로 논문들을 모아서 책으로 묶어 낼 예정이다. 학회지로 내면 2백 부도 채 안 팔리지만, '우리말 학문'에 대한 세간의 관심사로 볼 때 단행본으로 잘만 만들면 5백 부 이상은 팔리지 않겠느냐는 충고를 받아들인 것. 이런 무크지 움직임은 꽤 여러 곳에서 시작되고 있다.

학계의 정형화된 논문 글쓰기에 대한 개혁적 움직임에 학진이 찬물을 끼얹은 감은 있지만 최근 학진은 이런 불만을 수렴, 학계 중진들로 '자문위원회'를 구성해 논문의 질적 평가 방안을 비롯한 여러 가지를 해결하기 위해 노심초사하고 있다.

문제는 논문의 좀 더 내재적인 형식, 이를테면 논문의 구성, 문체, 참고 문헌 등 내용과 직결되는 형식들에 대한 분과학문별 입장이 예전보다 유연해졌는가이다. 대표적인 것이 인용 자료에 대한 규제다.

인도의 서발턴 연구 집단과의 연계 아래 탈식민주의 역사학을 모색하는 「트랜스토리아」는 현재 2호를 펴냈다. 이곳 멤버인 배성준 서울대 강사는 "역사학에서는 아직 증언이나 문학 작품을 문헌으로 인정해 주지 않고 있다."며 불만을 털어놓는다.

민중사를 재구성하는 작업은 민족지적 방법을 다양하게 시도해야 하는데 아직 어렵다는 것. 이에 따라 역사적 상상력을 발휘하는 것도 제한을 많이 받는다. "아무리 뭐라 해도 역사는 사실(事實)"이라는 낡은 인식이 '사료'에 대한 합리적 토론과 의견 일치를 모아 내는 일을 가로막고 있다. 또한 '인과적 서술'을 반드시 지켜야 한다는 점도 문제다. 가령 역사를 재구성하다 보면 인과관계로 도저히 풀리지 않는 부분은 있는 그대로 보여 줄 필요가 있는데, 그걸 억지 논리를 통해서 인과적으로 매끈하게 만들어 놓아야 한다는 것이다. 소설을 못 쓰게 막으면서 오히려 소설을 쓰는 셈이다. 특히 민족주의적 서사에서 이런 현상이 많이 발생한다고 한다.

최병두 대구대 교수(지리학)는 지리학계가 형식이 많이 자유로워졌다고 하면서도 가설과 검증을 통한 실증적 논문은 원고지 80매 정도로 양을 제한하고 있다고 전한다. 이럴 경우 수학적인 검증 말고는 별로 자신의 생각을 표현할 공간이 생기지 않는다.

이도흠 한양대 교수(국문학)는 요즘 석사 논문 쓰는 학생들은 "연구사 검토하고 정리하는 데 90을 쏟고 자기 얘기에는 10을 채 못 쏟는다."고 지적한다. 물론 석사 논문을 쓸 때는 이 과정이 필요하지만 너무 얽어매는 것은 사실이다.

문제는 이런 타인 학설의 정리와 주석이 박사 논문은 물론이고, 평생을 따라다닌다는 것이다. 이 부분에 대해서는 사서들도 못 알아듣는 업계 용어로 도배된 문헌정보학계의 비현실적인 논문 관행에 대한 김정근 부산대 교수의 경험적 분석을 통해 잘 알려진 바 있다.

기행문 같은 논문을 수록한 미학 권위지

학술 대회에 발표되는 논문들은 현장에서 요령 있게 뜻을 전달하고 토론하는 데 목적이 있다. 그런데 대부분 학술 대회에서는 천편일률적 형식으로 논문을 읽고 끝낸다. 듣는 사람들은 시간이 지나면서 졸거나 딴 생각을 하거나, 내가 여길 왜 왔던고 하며 천장을 쳐다본다. 그래도 발표자들의 모놀로그는 열심히 진행된다. 갈수록 학술 대회에 참석하는 사람과 참석하지 않는 사람의 차이가 없어지는 추세다. 나중에 발표 논문집을 챙겨 보면 논문과 토론문이 다 들어 있기 때문이다. 학술 대회에서 그 이상의 알맹이 있는 토론이 이루어지는 경우는 극히 드물다고 모든 학자들이 인정한다. 이는 진행 방식에 근본적인 문제가 있지만, 더 근본적으로는 논문과 학술 대회를 매개시키는 고전적 틀이 갖는 구시대적 아집에 그 원인이 있다.

차라리 논문을 없애면 어떨까? 학술 대회와 좌담회를 짬뽕한 퓨전 학술 대회를 만들어 보자는 것이다. 발표자에게 대회에서 발표할 내용을 A4 한 장 정도로 핵심만 요약해 오도록 하는 것이다. 그런 다음에 발표는 1,2분 내에 끝내고 나머지 시간은 전부 토론에 할애하는 것이다. 이 과정에서 발표자는 아이디어 수준의 다양한 이야깃거리를 던질 것이고, 토론자들 또한 준비된 주례사 대신 순수한 내공으로 이에 맞설 것이다. 이것을 하나의 집단 창작으로 생각하면 어떨까? 학술 대회 전에 논문을 쓰지 말고 핵심 주제를 최소한으로 구체화해 와서 학자들과 토론을 하고 입으로 자유롭게 논문을 쓰는 것이다. 물론 녹음은 해야겠지만 대강의 메모만으로도 충분하다. 이미 그 분야에서는 선수들이니까 말이다. 논문은 이런 학술 토론회가 있은 다음에 써서 그걸 일정 기간 안에 제출토록 해 자료집으로 남기면 어떨까? 그러면 학술 대회에 참가한 사람과 그렇지 않은 사람의 질적 격차가 현저해지면서 논문 형식주의가 약해지고, 내용을 앞세우는 문화가 우세를 점하게 될지도 모른다. 그러나 안타깝게도 이런 아이디어는 현실을 고려

할 때 공상에 가깝다. 학자들의 논문 형식주의에 대한 포기각서를 받아 낸다 하더라도 현실 논리로 볼 때, 각종 학술지 원제도와 논문업적심사평가제와 맞물려 돌아가는 현재의 논문 생산 시스템에서는 선(先)논문·후(後)토론 시스템을 역전시키기엔 많은 고통을 요구하는 일이기 때문이다. 알고도 고치지 못하는 병인 셈이다.

이런 현실적 어려움 때문에 좌절해서는 안 된다. 제도권에 깊숙이 편입된 학자들도 술자리에서는 "앞으로 10년간은 논문쓰기에 배당된 각종 지원금을 타 먹으려는 사람들로 인해 쓰레기 논문의 양산시대가 될 것"이라고 말하고 있으며, 이는 30년 전의 미국 학계가 겪었던 일이기도 하다. 잠깐 바깥을 내다보자. 해외의 경우 유럽과 미국은 대비되는 모습을 보여준다. 프랑스에서 활발히 활동하고 돌아온 신항식 홍익대 교수는 30년 이상 학술적 권위를 얻어 온 몇몇 학술지의 사례를 들어 준다.

그에 따르면 논문의 주장이 학술지가 지향하는 이념에 크게 어긋나지 않으면 글쓰기 방식이나 기타 형식은 별문제 되지 않는다는 것. 유럽의 학회는 대부분 대학에서 자금 지원을 받는지라 학자들은 학술지 비용만 부담하면 되기 때문에 우리나라처럼 학술진흥재단이 요구하는 형식적 요구에 일률적으로 따르지 않아도 된다. 하지만 신 교수는 이런 형식적인 측면보다 더욱 심각한 것은 남의 학설을 발전적으로 해석하는 것에 거부감을 느끼는 국내 학계의 보수주의 문화가 더 큰 문제라면서, 논문 형식주의는 그것을 가리기 위한 하나의 장치에 불과하다는 입장을 보여 준다.

　미국은 유럽과는 달리 논문 형식에 대해 매우 보수적이다. 이에 대해서는 1960년대부터 발흥하기 시작한 네오콘(Neo-con, 신보수주의)들이, 학계를 정부에 맞게 길들이기 위해 학문 정책에 대한 큰 밑그림을 세우고, 세부적으로는 코스워크 강화와 엄정한 심사 제도를 통해 이를 관철시켜 왔다는 분석이 이미 나와 있다.

　그런데 최근 미국의 미학 권위지인 「아메리칸 저널 오브 에스세틱스(American Journal of Aesthetics)」에는 눈길을 끄는 논문이 한 편 실렸다. 이 학회지는 헤겔과 마르크시즘적 미학 이론에 대해 매우 배척적인 것으로 유명하다. 그런데 이 잡지 2000년 겨울호에 꽃이 핀 호숫가를 거닐며 칸트와 마르크스 미학의 종합을 시도한 기행문 같은 논문이 실렸다. 그 한 대목을 인용해 보자.

　나는 미니애폴리스 시의 여러 호수 가운데 한 호숫가에 서 있다. 키가 크고 보랏빛이 나는 꽃이 물가를 밝히고 있다. 나는 이 식물이 털부처꽃(purple loosestrife : 보랏빛의 고삐 풀린 경쟁자란 뜻)이며 몇 해 전에 외국에서 수입된 외래종의 꽃임을 깊이 인식하고 있다. 이 식물은 뿌리를 내리는 지역을 뒤덮어 버리는 경향이 있어 그냥 내버려 두면 물을 정화하고 너른 땅의 식물과 야생동물을 먹여 살리는 데 너무도 중요한 연약한 생태계를 급속도로 파괴한다는 것을 잘 알고 있다. 나는 이것이 위험하며 사악하기조차 한 식물이라고 본다. 도시 조경사인 내 친구는 그녀의 사무실 문에 이 식물을 퇴치하자는 포스터를 내걸고 있다. 그녀는 나에 게 이 식물이 위험하며 혐오감이 든다고 말하였다. 그러나 호숫가에 서서 그 보랏빛 꽃들이 늪지의 다소 단조로운 색 감과 배경을 이루어 그토록 눈부시게 반짝이는 것을 보면서 참으로 아름답다고 말할 수밖에 없었다.(이도흠 번역)

각주도 참고 문헌도 없이 오직 자신의 경험을 전거 삼아서 펼쳐 낸 글이지만 합리적이고 설득력도 강해 이 글은 학회지 에 실릴 수 있었고, 학계에 긴 반향을 일으킨 바 있다.

중국은 대학 학제가 업적 중심으로 개편되면서 논문 형식 도 점점 자유로운 에세이풍에서 미국식으로 엄격하게 바뀌고 있다. 그러나 중국에서 박사 학위를 받고 돌아온 하도형 고려 대 강사(정치학)는 이런 변화를 안타까워한다. 근래에 중국 학 계를 달구고 지식인들을 뜨거운 토론의 장으로 내몰았던 문제 의 논문들은 모두 에세이풍의 글이었다는 게 그의 증언이다.

사서삼경이나 웬만한 고문헌을 거의 외우다시피 하는 중국 인문학자들의 경우에는 각주를 다는 것이 불필요할 정도로 귀 찮은 일일 뿐이라는 게 그의 추가 설명이다. 그런데 최근 연변 의 학자들과 연합 학술지를 낸 한 국내 학술지 편집자들은 한 연변 학자의 논문이 "에세이 같다"면서 그 수준을 의심했다고 하는데, 그 자세한 내막이야 모르겠지만 아마 중국 인문학의 관행을 잘 몰랐거나, 아니면 인정하기 싫어하는 배타적 태도 에서 기인한 풍문일 수도 있어 보인다.

엄격한 형식주의는 학술지들의 표정을 모노톤으로 바꾸고 풍성함을 사라지게 한다. 얼마 전 「모색」이라는 잡지에서 조사한 결과 최근 몇 년간 국내 학술지에서 기획 특집이 거의 사라졌다고 한다. 엄격한 형식을 추구하다 보니 자유로운 발상이 숨 쉴 수 있는 공간이 좁아지는 것이다. 그러나 점점 복잡해지는 사회와 이를 소화하기 위한 학제적 연구도 갈수록 늘어 가고 있다. 논문의 분과적 규범은 최소주의의 지혜를 택해야 할 시점이 아닌가 한다.

이성의 세계에서 추방된 주제들

학문적 리스크를 두려워하는 학자들...

論外의 현상들에 눈 돌리자

학문의 세계에서 이념 제약은 많이 약해졌다. 사회주의를 주장하는 일은 모험이지만, 역사 사실을 추적하는 자유는 보장되고 있다. 근래 친일 연구의 물꼬가 트이기 시작한 것을 보면 이를 알 수 있다. 물론 금줄에 꽁꽁 묶인 주제들이 없진 않다. 대표적인 것이 지배 집단의 인맥을 건드리는 연구다. 문화계에 본격적인 유치진 연구가 나오지 않는 이유란 뻔하다.

그러나 이념적 금기보다는 눈에 보이지 않는 제약들이 더 심각하다. 합리적 이성의 세계에서 제쳐진 감성과 초월의 주제들 말이다. 가령 죽음이나 영성, 섹슈얼리티 등은 쉽사리 학문적 관심의 대상이 못되고 대중문화적·문학적 해결 방식을 택하고 있다. 남녀 간의 연애 감정, 공포 체험, 신비주의적 신념도 그렇고, 라이프스타일에 깃든 감수성의 기원들에 대한 연구도 초보적 단계에 머물고 있다. 접근 금지의 정언명령은 없지만, 어떤 언어와 방법으로 요리할 것인지 분명히 제시되지 않고 있다.

학계에 소수파시만 이런 고민을 하는 학자들이 늘고 있다. 그에 비해 크고 급한 문제들이 산적해 있는데 왜 굳이 '사소한' 것들을 다뤄야 하는지 의문을 표하는 학자들도 있다. 김경현 고려대 교수(서양사)는 "그런 접근법 또한 서구 모방적 유행 현상 아니냐."는 입장이다. 포스트모더니즘을 염두에 둔 김 교수는 "아직 학계의 연륜과 토론 문화가 얕아 부차적인 테마를 끌어안기엔 시기가 이르다."고 덧붙인다.

이런 지적이 현실과 동떨어진 흥미로운 주제로만 몰려가는 젊은 학자들의 쏠림 현상을 보는 중견학자의 시각으로 충분히 일리가 있지만, 한편으로는 큰 주제와 작은 주제, 시급한 주제와 그렇지 않은 주제는 과연 어떻게 구별될 수 있는가 하는 근본적인 질문을 부른다. 또한 학계의 연륜이 얕다는 전제 또한 서구학문을 염두에 둔 식민지적 발상이긴 마찬가지다. 가령 '죽음'이나 '사랑' 같은 것은 모든 사람이 겪는 통과의례다. 누구나 죽음을 두려워하고 사랑을 원한다.

예를 들어 자신의 아들이 초등학생밖에 되지 않았는데 시한부 선고를 받았다고 치자. 그럴 때 부모가 할 일은 그 아이에게 죽음이 무엇인지를 설명하고 대비하게 하는 것이다. 그런데 부모에게 그럴 만한 충분한 죽음에 대한 교양이 있을까? 아마 참고할 만한 책도 흔치 않을 것이다. 최근 들어 민속학자 김열규 계명대 석좌교수의 동양적·한국적 죽음론이 출판되고,

생명윤리 분야에서 책들이 나오고 있지만 서구 사회의 그 방대한 사유의 집적물에 비하면 출발도 못한 단계다.

하지만 근대 학문의 시각 체계는 죽음 연구의 필요성을 포착하지 못한다. 그것은 과학이라는 것으로 문제를 초점화시켜 나가는 원근법 구도를 벗어난 주제이기 때문이다. 따라서 죽음이라는 주제는 학자들에게 '금기'라기보다는 일종의 '숙명' 같은 것이다. 마치 수학 문제에 주어지는 공식처럼 죽음에 대한 상식적 정의로 우리 학계는 만족한다. 이와 관련해 『앨러건트 유니버스』(승산 刊)를 저술한 물리학자 브라이언 그린은 주목할 만한 말을 던진다. 그는 물리학의 중요한 균열을 이렇게 언급한다.

매끄러운 공간 기하의 개념은 일반상대성 이론의 중심 원리인데, 그것은 양자 세계의 아주 짧은 거리 수준에서 일어나는 격렬한 요동에 의해 깨지고 만다.

그가 말하고 싶은 건 물리학의 학문적 리스크다. 대부분의 물리학 이론이 "모든 다른 조건들이 동일하다면"이란 단서(위에서는 '매끄러운 공간 기하')를 붙인다는 것이다. 그렇다면 죽음은 인문학에 존재하는 리스크인 셈이다. 인문학에서의 대부분의 연구들은 "우리가 죽지 않는다, 혹은 당연히 죽는다."라는 이분법적 전제 위에서 이루어진다. 둘 다 현세적이다. 이는 학문의 객관성과 보편성이라는 전제 자체가 매우 허무하다는 점을 깨닫게 한다.

이 지점에서 김열규 교수의 지적은 새겨들을 만하다.

　죽음을 삶의 대척점에 놓인 것으로 파악하는 현대인의
이분법적 세계관은 죽음을 삶의 품 안에서 인식한 조상들의
세계관에서 무언가를 깨달아야 한다.

　우리 주변엔 죽음 말고도 숙고의 대상이 되어야 할 여러 가
지 주제들이 있다. 사랑, 고통, 습관, 슬픔 등 일상적으로 느끼
고 쓰이는 주제들이다. '고통'을 예로 들어 보자. 그동안 학문
에서 폭력을 성찰한 경우는 있어도 고통 그 자체를 주목한 경
우는 없다. 왜일까? 폭력은 비록 비정상적일지라도 이성의 작
용 차원에서 논의될 수 있지만 고통은 '신체적 현상'에 속하
기 때문이 아닐까? 요즘 들어 신체가 정신을 규정한다는 식의
역전이 많이 일어나고 있지만, 어디까지나 급진적 소수의 목
소리다.

　미국의 사회학·인류학 교수들이 공저한 『사회적 고통』(그
린비 刊)은 고통이 왜 연구되어야 하는가를 충분히 시사한다.
필자 중의 한 명인 비나 다스 교수는 "고통에 대한 논의가 많
을수록 정작 고통을 당한 당사자들은 침묵을 지키게 된다."는
데 주목하면서 "고통이 측정 가능한 현상으로 간주되어 사회
적 경험으로부터 분리되고 의료·복지 등 제도적 관리의 대상
이 되었기 때문"이라고 지적한다. 아서 클라인만 교수는 "고
통 받는 희생자들의 영상이 '인포테인먼트'라는 이름으로 상
업화되어 마케팅이나 경쟁 과정에 포함되어 버린다."고 지적

한다. 이는 우리가 알고 느끼는 고통이 매우 획일화된 것이란 점을 쉽게 눈치 채게 한다.

하지만 실제로 인간은 고통 받는 순간에 얼마나 많은 생각과 느낌에 사로잡힐까? 그런 점에서 일본의 저널리스트 다치바나 다카시의 『임사체험』(전2권)이란 책은 매우 참고할 만한 책이다. 죽었다가 다시 살아난 사람들을 취재해서 그들이 겪은 것이 구체적으로 무엇이었나를 기록한 이 책은 그 어떤 추상적 학술 논문보다 설득력 있게 삶의 일정 비중을 차지하고 있는 신비주의적 공간이 살아 펄떡이고 있음을 보여 준다.

늘 나오는 이야기지만, 학계의 엘리트 중심주의 때문에 많은 현상들이 학문의 그물망을 빠져 나가고 있다. 그 중 대표적인 게 보통 사람들 이야기다. 인터넷에서 활발히 창작되는 보통 사람들의 소설은 문학 비평에서 다뤄지지 않는다. 최근 인기리에 방영된 「옥탑방 고양이」를 비롯, 많은 드라마와 영화 원작은 비전문 작가에 의해 인터넷에서 생산되며 그 비율은 점점 높아지고 있다. 인터넷 현상에 대한 분석서들은 많지만 이 중 3할은 분석틀 논의이고, 5할은 계도적 비평이며, 실제 현상에 대한 심도 있는 접근은 2할도 못되는 느낌이다. 인터넷은 많은 사람들이 주장하듯 명백히 비선형적 공간이다. 여기엔 무수히 많은 네트워크가 있고, 이질적인 교집합과 대립들이 존재한다. 한마디로 연구할 게 산더미라는 얘기다.

철학도 위대한 철학자들에 대한 연대기적 주석 연구들이 참으로 많다. 종교학적으로 말하면 교리 체계에 대한 연구는 많이 이루어지는 반면에 일반인들의 신앙은 다뤄지지 않는다.

대표적인 게 사회적 신념 체계에 대한 학문적 접근이 없다는 것. 영국의 한 인류학자는 한국을 방문하고 이런 인상적인 코멘트를 했다. "한국인들은 무당에 대해 많이 의존하지만, 무당의 사회적 지위는 높지 않고 심지어 그들을 천시하는 경향이 있다."

이런 이율배반성은 사회현상으로만 존재하지 않고 학문의 세계에 그대로 연장된다. 종교학과 민속학에 맡겨진 무속에 대한 연구는 사회·문화적 접근을 필요로 한다. 우리 사회의 기층문화, 멘탈리티의 중요한 구성 요소인 까닭이다.

또 하나 거론해야 할 것이 성(性) 문제다. 현재 가정 내의 성폭력 문제, 청소년이나 젊은 여성의 성 의식, 성교육 현황은 활발히 '조사'되고 있다. 그리고 성과 관련한 사회의 억압적이고 이율배반적인 측면들도 끊임없이 '성토'되고 있다. 하지만 우리 사회는 고령화 시대로 접어들면서 심각한 문제로 대두되고 있는 '노인들의 성 문제'라든지, 은밀한 소수자로 존재하고 있는 트랜스섹슈얼, 바이섹슈얼의 문제는 다루지 못하고 있다.

가령 지난해 스와핑 문제가 불거져 나왔을 때 사람들의 반응은 다소 희극적이었다. 반대하는 쪽은 절대 있을 수 없는 일이라 주장하고, 찬성하는 쪽은 충분히 가능하지 않냐고 반문한다. 전자는 성 의식의 변화를 수용하지 못하고, 후자는 전통적 성 문화를 고려하지 않는다. 이런 식의 대립은 성 정체성의 분열에 대한 심각한 생각을 아무도 안 하고 있다는 것이며, 이는 경험적 연구를 통해 계속 보충될 문제다.

특정 학문 분야에 치중된 연구도 문제다. 자본주의 사회에서 돈과 관련된 것을 다루는 학문 분야는 경제학이 유일하다. 하지만 경제학적 돈 담론은 경제 법칙에 종속되는 딱딱한 내용들뿐이다. 최근 번역되어 나온 『화폐 심리학』(미첼 아질레 지음, 학지사 刊)이라는 책은 돈을 사회심리적으로 조망한 독특한 책이다.

이 책에서는 어떤 사람이 빚을 지고 어떤 사람이 부자가 되는지, 또 월급이 많고 적다는 게 어느 정도 행복에 기여하는지, 돈이 과연 사람을 행복하게 하는지, 많은 돈을 가질수록 인간은 더 행복한지 등이 조목조목 짚어진다. 물론 설문 조사와 심리학적 가설들을 엄밀히 적용해서 해석하고 있다. 소설가 박태원식으로 말하자면 그야말로 자본주의 시대의 고현학(考現學)이다. 우리의 심리학자와 철학자들은 왜 '자본'에 대해서만 연구하고 '돈'에 대해서는 연구하지 않을까? 캐피털은 '삐까번쩍'하지만, 돈은 구린내가 나서일까?

장석만 한국종교문화연구소 연구원은 언젠가 '감수성의 역사와 체계'를 주제로 책을 쓰고 싶다고 말한다. 감수성은 라이프스타일에 깃든다. 그는 현재를 구성하는 다양한 문화적 습속들이 언제부터 그런 형식과 개념을 지니게 되었는지 연구함으로써 자아의 실체를 분명히 드러낼 수 있다고 주장한다. 주의할 것은 철저하게 경험에 근거한 질문들을 토대로 책의 얼개를 잡아야 할 것이다. 요즘 들어 뚜렷한 연구의 신경향으로 대두하고 있는 안티 이성적 연구들은 방법론적으로 매우 심각한 오류에 빠져 있다.

예를 들자면, '탈(脫)이성'이 너무 강조되고, 이에 걸맞은 문제틀의 논리적 체계에 너무 신경을 쓰다 보니 용두사미가 무더기로 쏟아져 나온다. 문제 제기는 탈이성인데 결론은 매우 이성적이다. 그리고 이 모순을 깨닫지 못한다. 깨닫지 못하는 가장 큰 이유는 선배들을 '답습'하기 때문이다. 이런 것을 볼 때 우리 사회가 단순히 '탈이성'이라는 소재주의에 빠져 있는 건 아닌지 심각한 의심을 하게 만든다.

미답지에 도전하는 의욕이 서서히 형성되는 만큼, 그것을 확실하게 다루는 방법론적 차원의 고민까지 함께 가야 할 것 같다.

생존 인물에 대한 탐구

學問史 구축 위한 인물 연구 물꼬를 터라

학문의 세계에서 생존 인물을 탐구한다는 건 뭘까? 그것은 나를 존재하게 한 여러 가지 요인 가운데 시공간적으로 가장 근접한 대상을 다루는 일이다. 고인이 된 옛 사상가들을 백날 연구해 봤자, 잘못하면 주석학이요 잘하면 현대의 자기 합리화에 지나지 않는다. 중요한 것은 나의 신체의 일부와도 같은, 동시대 혹은 전(前) 세대 인물들과 내가 맺고 있는 관계의 진실을 들춤으로써, '주체의 역사성'에서 미답지의 영역을 줄여 나가는 일이다.

하지만 이 작업은 '시공간적 근접성'이라는 문제를 비롯해 몇 가지 장애 요소들이 있는 관계로 그동안 기피되어 온 측면이 있다. 우선 공간적인 근접성의 문제가 있다. 이 경우 스승이나 학계의 어른을 비판까지는 않더라도 객관화시켜 바라본다는 게 쉽지 않다. 반대편에서 문제를 제기할 경우 학벌에 의한 대립을 조장할 우려도 있어 나서지 못하는 경우도 있다.

생각은 있으나 실천은 어렵다

시간적 근접성의 경우, 해방 이후 활동한 인물 연구는 텍스트가 언제라도 움직일 수 있기 때문에 객관성을 중요시하는 학계가 내켜 하지 않는 게 일반적이다. 또한 시간적으로 오래 지나지 않은 사건이나 인물의 발언 등을 다루는 게 논란을 불러일으킬 소지도 있기 때문에 저어되기도 한다.

최근 역사 관련 학술잡지에서 김용섭 연세대 교수의 학문적 성과에 대한 비판적 조명을 통해 그가 구성한 한국사 상(像)을 재조명하려는 기획을 추진했으나 '필자가 없어서' 그만둔 바 있다. 주최 측은 그간의 비판에 대한 김용섭 교수의 의견도 들어보고, 그의 학자적 고민까지 전반적으로 포용하려는 의도였는데 아쉽다고 밝힌다.

역사학계의 인물 연구 부실은 이외에도 한국 역사학의 성격 자체가 권위적이라는 것, 근대 이후 한국사 전공자가 2백 명 남짓으로 좁다는 것, 1세대 역사학자들이 실증적 탐구를 중심으로 연구해 후학들이 지속적으로 탐구와 논쟁을 벌일 만한 성격의 것이 별로 없다는 등의 이유가 더 있다. 허종 경북대 강사(한국사)는 "자료를 수집하고 정리할 필요성은 있지만, 연구를 통한 평가로 직결시키는 것은 아직 이른 감이 있다."며 "한 세대는 지나야 '가능하다는 인식이 학계의 보편적 정서"라고 말한다.

하지만 생존 인물이 역사 인물이 된다고 해서 그의 현실적 권력이 사라지는 것은 아니다. 권력의 학문적 세습이 이뤄지고 이를 통한 철통 방어와 진지 구축은 매우 일상적 풍경이다. 이런 이해관계의 시간적 길이는 상당히 길어서, 동양사학계를 보자면 퇴계, 율곡 등에 대한 비판적 연구도 아직까지 제대로 이뤄지지 못하고 있다. 따라서 생존 인물에 대한 접근 금지령은 역시 학문 권력의 세습적 구도를 유지하기 위한 이데올로기적 장치로서 기능하는 측면이 매우 크다. 역사학계에서 이미 고인이 된 학자에 대해서는 고 손진태 교수 정도만 그 사관(史觀)이 검토되었을 뿐이다.

통과의례적 先學 조명이 대부분

역사학을 나서면 생존 인물에 대한 연구는 그 필요성이 제기되고 물밑 움직임도 꽤나 감지되고 있다. 정치사상 분야에서는 생존 인물의 정치사상을 연구하는 모임이 생겨나고 있다. 고 김영국 서울대 교수(정치학)에 대한 연구도 그의 사후에 서서히 나오고 있다. 이것은 정치학계에 3세대가 형성되었기 때문이라는 게 김병욱 동국대 강사(한국정치)의 설명이다. 하지만 후학들이 스승의 업적을 정리하는 성격인지라 본격성은 덜하다.

사회학계에서는 최근 김만수 대전대 교수(사회학)가 리영희 가톨릭대 명예교수의 평전 『리영희, 살아 있는 신화』(나남출판 刊)를 펴낸 바 있다. 이 책은 현재 나와 있는 국내의 평전 가운데 유일하게 생존 인물에 관한 책이다. 저자는 머리말에서 생존 인물 연구의 어려움을 이렇게 밝히고 있다.

　그가 역사적 인물이기보다는 우리의 동시대적 인물이기
때문이다. 그리고 동시대 사람들이 시대의 양심과 의식화의
원흉이라는 극단적으로 상반된 평가를 내리기 때문이다.

　사실 사회학계만 해도 1세대 학자들에 대한 후학들의 평가
는 아주 인색한 편이다. 정년 기념논문집에서 통과의례적으로
조명 받는 경우 외에 독립 연구를 통한 종합적 자리매김이 안
되고 있다. 김경일 정신문화연구원 교수(사회학)는 "우리 사회
학사가 필요하다."고 목소리를 높인다. 그에 따르면, 1세대 학
자 가운데서는 사실 억울한 평가를 받고 있는 학자들이 꽤 있
다. 업적에 비해 과소평가를 받고 있어 본인 입장에서는 억울
한데 연구하고 평가하는 풍토가 없으니 불편함이 해소되지 않
는다는 것.

　그에 비해 국문학계의 생존 인물 연구는 꽤 활발하게 진행
중이다. 황석영, 김승옥, 이문열 등에 대한 작가론은 이제 일
반화된 현상이다. 국문학계가 생존 인물에 자유롭게 접근하는
이유는 불가피한 측면도 있는데, 식민지 시기부터 1950년대까
지는 어느 정도 정리가 되었고, 새 시장을 찾아 1960~1970년
대로 연대를 치고 올라오는 추세이기 때문이다. 학계의 보수
적인 원로들도 이 부분에 대해서는 용인하는 분위기다.

　생존 인물에 대한 탐구는 이렇듯 서구 학문을 받아들인 이
래, 근대 학문에 대한 학문사 정립의 필요성 때문에 생겨나기

도 하고, 친일 문제, 5·6공 문제 등 역사 청산 차원에서 그 필
요성이 제기되기도 한다. 주제의 빈곤과 연구자의 양적 비대
때문에 인물 연구가 역설적으로 초래되기도 한다.

동시대 인물들에 대한 비평도 인물 탐구에서 중요한 영역
이다. 역사적 인물 연구와 적절히 어울려 인물을 통한 관심을
이끌어 나갈 수 있기 때문이다. 이와 관련 「인물과 사상」, 「사
회비평」 등에서 인물 비평을 꾸준히 시도해 왔지만 이에 대한
학계의 반응은 극단적이다. 김승수 전북대 교수(신문방송학)는
이 인물 비평이 세대교체가 만든 한국 사회의 새로운 풍경이
라며 "'빽'도 없고, 돈도 없고, 학맥도 없이 순전히 자주적인
힘으로 성장한 신진 지식인들이 본격적인 인물 비평의 주인
공"이라고 말한다.

인물 비평, 인격 비평의 위험성 고려해야

반면에 권혁범 대전대 교수(정치학)는 인물 비평이 자칫 인
격 비평이 될 수 있다는 점을 우려하며 인물 비평의 방식은
좋지 않다고 말한 바 있다. 우리가 한 지식인을 평가할 수 있
는 부분은 그가 글을 통해 드러내는 사상과 철학일 뿐, 인격은
아니다. 인격을 모르는데 어떻게 인물을 비평할 수 있는가라
고 꼬집기도 한다. 이 말은 현재의 논쟁 문화를 변화하지 않는
선험적인 것으로 받아들일 때만 맞다. 인격 비평을 충분히 경
계하면서 이론과 행동의 조화라든지, 활동의 양상이라든지 등
은 공론화될 필요성이 있다.

생존 인물 탐구에 대한 학계의 반응은 그 필요성은 인정하

면서도 조심스러워야 한다는 입장이다. 게다가 이를 실천에
옮기는 연구자들은 극소수다. 한 개인의 차원에서 접근하기보
다는 학회나 저널 차원에서 이 부분에 대한 적극적 기획을 마
련해야 할 듯하다.

진보 없는 보수, 보수 없는 진보

이념적 순결 강박과 배타성...
차이를 '인정'하자

진보와 보수는 한국에서 가장 자주 쓰이는 이념적 용어들이지만, 구체적으로 무엇을 의미하는지 모른다는 점에서도 매우 빈번히 거론된다. 예를 들면 미국 '네오콘'(신보수주의)에 필적할 그룹이 보·혁 양쪽 진영 어디에도 없다. 그것은 네오콘이 68 혁명식의 좌파 이념에 대한 환멸을 자신들의 우익적 신념으로 치환하면서 성장한 것에서 드러나는 타이트한 공통 경험과 지향이 현세대 한국의 진보와 보수 진영에 없다는 것이다.

가장 많이 지적되는 건, 진보를 너무 진보 일색으로 채우려 하는 '총괄성의 논리' 및 '내부 순결주의'다. 현재 진보 진영을 구성하고 있는 사람들의 생각을 들여다보면 진보적이라고 여겨지는 것들과 보수적일 수 있는 것들이 뒤섞여 있는 상황인데, 진보 진영의 생각이 정치적 표어로 뽑히고 이슈화될 때는 판에 박은 '반대', '개혁', '척결' 일색이다. 즉, 담론화된 진보성이 구성원들의 의견을 대표하지 못하는 것에서 오늘날 진보 이념의 리얼리티가 떨어진다는 지적이 나오고 있다.

'탈(脫)진보'를 외치는 대표적 학자인 권혁범 대전대 교수는 "예전처럼 민족이나 계급 문제가 최고의 가치라는 식의 절대적인 진리와 목표는 없다. 탈진보가 추구하는 진리와 목표는 구체적인 실천과 노력을 통해 항상 수정되고 재해석될 수 있는 자유와 권리가 주어지는 것 자체"라고 말할 정도다.

'보수=수구'라는 잘못된 인식 수정해야

하지만 언론이 주도하는 담론 시장에서 보·혁 갈등은 친북과 친미, 시장과 분배 같은 이분법적 원칙론에 지배되고 있다. 학자들도 대체로 합의하는 사항이 "오늘날 진보와 보수를 가르는 기준은 북한에 대한 태도"라는 것이다. 이런 상황에서 설령 한쪽 진영이 다른 진영의 생각을 품더라도 표현할 용기가 없어 진보에게는 보수가, 보수에게는 진보가 일종의 금기인 것이다.

진보 순결주의가 학술 연구에 반영된다면 어떻게 될까? 아마 많은 창의적인 추론들이 내부 강령에 의해 배척되고 떨어져 나갈 것이다. 민족주의적 역사 연구나 대안사회 연구, 생태주의적 담론 등에서 '매끈한 완결성 추구'는 여러모로 무리를 일으켜 온 것이 사실이다. 최근 재연된 식민지 근대성을 둘러싼 논쟁에서 양쪽 진영이 한발 물러섬 없이 대치하는 모습도 이질적인 것에 대한 태생적 두려움 때문이라고 말한다면 과장

된 것일까?

얼마 전 안병직 서울대 명예교수는 한 인터뷰에서 "좌도 보수가 될 수 있다."라고 언급한 바 있다. 안 교수는 1960년대 대표적인 진보였다가 일본에 건너가 경제사를 연구한 이후로 이념적 전향을 감행한 지식인으로 알려져 있다. 그는 "과거에 국민을 계급적으로 나누어 적대적으로 사고하는 극소수 지식인이 남아 있지만, 한국 사회 전체를 놓고 보면 이젠 보수, 진보가 충분히 공존할 수 있는 단계"라고 얘기한다. 공존의 최우선 조건은 상대편의 존재를 인정해 주는 것이다. 그래야 진보도 보수가 될 수 있고, 보수도 진보가 될 수 있으며, 하나의 문장에 진보적인 것과 보수적인 것이 섞이더라도 앞뒤 안 맞는 사람 취급을 받지 않는 사회가 될 것이라는 말이다.

이런 지적을 전통적인 보수에게도 똑같이 하긴 힘들다. 서구 보수주의 사상을 연구해 온 이봉희 한국과학기술원 명예교수는 "보수주의는 대체로 서로 상충되는 목적들을 내재한다."고 설명한다. 가령 복지국가 추구와 정부의 경제 규제 반대, 시민의 자유와 노예제도의 옹호, 중앙집권과 다수에 의한 통치 등을 동시에 추구하기 때문에 하나로 묶기 힘들고 다차원적이란 얘기다.

물론 현대의 보수주의는 에드먼트 버크에게로 거슬러 올라가지 않고, 대처와 레이건의 신자유주의 정책에 내재한 경제철학으로 이어진다. 이 신보수주의는 경제적 단일시장을 추구함으로써 앞으로 세계정부를 배태시킬 수 있는 이론적 배경을 갖추고 있어 하나의 일관된 이념 체계로 여겨지기는 한다. 홍

성태 상지대 교수가 분석했듯이 한국에서도 이런 신자유주의적 경제관·정치관·윤리관으로 무장한 젊은 보수주의 층이 형성되고 있다. 이른바 대학가에 떠도는 '청년보수' 담론을 보면 그것의 발호가 본격화하는 느낌이다. 하지만 아직까지는 생활 영역에 국한되어 실천되고 있다.

이들 이론적 보수와 생활보수는 정치적 실천과의 연결 루트가 구축되지 않아 또다시 보수라는 말로 막연히 묶이는 현상이 반복되고 있다. 하지만 이때의 보수는 매우 안 좋은 뉘앙스를 지니고 있다. 경제적 특권과 학벌과 지연 등 기득권을 수단 방법을 가리지 않고 과격하게 옹호하는 수구 세력이라는 의미로 사용되기 때문이다. 이 수구 세력에 대해 진보적인 학자들은 그 진영을 지탱하는 '자유민주주의 이념'이 설득력이 매우 떨어지고 권력 기회주의, 냉전 반공주의 등 구시대가 청산해야 하는 공공의 적들을 이념적 기반으로 삼는지라 현재는 퇴출 위기를 맞고 있다고 본다.

물론 기존의 주류 보수가 정치적으로 위기를 맞은 것은 사실로 보인다. 문제는 학계가 보수의 필요성을 원칙론적으로 옹호하면서도 한국 보수의 불임성을 정치적 기회주의자들의 탓으로만 돌리는 결과론적 분석에만 치중한다는 것이다. 홍윤기 동국대 교수는 보수의 불임성을 지적하는 자리에서 "한국의 보수주의는 빈곤하다. 보수성과 보수적인 것은 체감되지만 이즘은 파악되지 않고, 기질적·상황적 보수주의와 정치적·철학적 보수주의의 괴리가 극심하다."고 지적한 바 있다.

문제는 이러한 분석들이 계속 중복 양산되고 있다는 점이다.

진보 학자들은 새롭게 형성되고 있는 신보수의 정신세계에 쉽게 진입하지 못하거나 안 하고 있다. 이런 논의들은 '보수=수구'라는 현재의 논쟁적 구도만 부채질할 뿐이다. 그러니 우리 사회에 보탬이 되고, 진보 진영과 생산적 긴장 관계에 놓일 건강한 보수를 추구하려는 움직임이 생겨나지 않고 있다. 그러기 위해서는 기존의 진보 진영에서 보수주의를 추구하는 이념 그룹이 갈라져 나올 필요가 있다. 이것이 수구와 생산적 보수를 구분할 수 있는 가장 확실한 방법론이 아닐까 한다.

미국 우파의 사상적 거점이자 본산이라 일컬어지는 해리티지 재단이 선거철 라디오 채널을 통해 전국적으로 무려 1,500명의 '토론의 달인'을 가동시킨다는 소식과 비교해 보면 국내의 보수 진영의 빈약성은 심각하기도 하다. 왜냐하면 진정한 보수가 탄탄히 버티고 있어야 그에 대응하는 예리한 진보도 탄생할 수 있기 때문이다.

자연스러움에 기반한 이념적 존재로

결국 문제는 이념적 강박의식으로 되돌아온다. 최근 계간지 「황해문화」에 문화 평론가 이재현 씨는 「우리 시대의 진보에 관한 짧은 생각들」이란 글을 기고하였다.

 ……혁명적 좌파라고 스스로 주장하는 사람들의 상당수가 젠더와 섹슈얼리티 문제에 관해서 본의 아니게 일종의 제국주의자에 머무르고 있는 것이 안타깝다.

진보주의자라면 사회적 소수자인 여성에 대해서 끊임없는 자기반성으로 생리적 판단을 자제하고 소수자를 위한 정치적 실천을 해야 한다는 주장인데, 나는 이런 주장이야말로 일종의 거짓말이라고 생각한다.

사회의 모순을 구조적인 차원에서 치열하게 고민하고 비판하는 진보주의자가, 자신의 주 고민 영역이 아닌 부분에서까지 일관되게 행동하기를 요구한다는 것 자체가 사람의 두뇌 활동과 정서 구조의 자연스러운 흐름을 역행하는 무리한 주장 같기 때문이다. 다시 말해서 페미니스트의 신경을 건드리지 않게 해당 진보주의자더러 일상의 영역에서 뼈를 깎는 정치적 실천을 하라고 요구할 게 아니라, 우리 사회 일반의 젠더 인식 수준에서 크게 벗어나지 않으면 큰 문제 될 게 없지 않느냐는 것이다. 모든 개체와 관계를 동등한 수준으로 유지하는 것과 각각의 개체가 서로 다르다는 것을 인정하는 '차이의 정치학'은 서로 다른 게 아닐까?

반면에 얼마 전 무크지 「모색」의 편집장이자 문학 평론가인 오창은이 학술단체협의회(학단협) 측에 대해 "학술진흥재단의 학술지 평가와 그에 따른 지원으로 상징되는 제도화의 틀에 갇혀 시간강사 문제, 연봉 계약제 등 대학 사회의 합리화와 발전을 위한 주제들을 다루지 못하고 있다."고 지적하는 건 충분히 수긍이 가는 비판이다. 그것은 학단협이 시류적인 정치 투쟁에 휘말리다 보니 학문에서 가장 본질적으로 개혁되어야 할 주제들을 진보적으로 다루어 내지 못한다고 말하기 때문이다.

인터넷의 인신공격, 이념 경직 부채질

인터넷이 발달하고, 정치적 커뮤니티들이 활성화되면서 이런 식의 건강한 비판 문화는 좀처럼 자리 잡지 못하고, 대신 인신공격성 비판이 난무하는 게 현재의 이념적 논쟁의 구도다. 익명의 글쓰기, 쓰는 족족 달리는 댓글 등 여러 특성상 인터넷의 이념 논쟁은 오프라인보다 훨씬 심각하게 이념 순결주의와 보·혁 간 대립을 부채질하고 있어 눈살을 찌푸리게 한다. 특히 어떤 사안에 대해 개인이 생각할 시간도 주지 않고 노선을 정해, 실시간으로 서명받고 설문 조사 하는 식의 담론 창출의 행위는 경직되면서도 동시에 내용 없는 진보와 보수에 사람들이 끌려 다니게 만드는 것이다.

진보 안의 보수와 보수 안의 진보를 고민하는 것은, 진보적 실천을 위한 화두를 찾고 새로운 연대를 모색하는 일이 아니다. 그것은 변화하는 환경에 따라 자신의 이념적 불균질성을 끊임없이 인식하게 하고, 그 결과물을 표현으로 이끌어 내는 민주적이고 절차적인 의사소통 구조를 확립하는 일과 가깝다.

얼마 전 장관직을 그만둔 강금실 전 법무부 장관이 보수적이라고 소문난 검찰 조직을 성공적으로 장악한 개혁 인사가 되어 화제를 낳은 적이 있다. 강금실의 특징은 "진보와 보수를 개의치 않는 사고의 유연함"에 있다고 흔히 얘기된다. 그는 한총련 학생들의 5·18 시위 땐 비판적 언사를 서슴지 않았으며, 철도 노조의 불법 파업 당시엔 공권력 투입의 필요성을 주창했다. 반면에 준법서약서 폐지, 검찰 인사위원회 개편 등의 개혁 실적을 거두었다. 이런 유연성은 정치·경제적 영역을 넘어서서 자신의 정체성을 모색해 볼 때 생겨날 수 있다. 이와 관련하여 최근 '나무를 심는 사람들'이라는 지식인 모임은 시사하는 바가 크다. "진보의 여백을 넓히기 위해 종교와 영성을 진보의 영역에 끌어들이고자 한다."라는 창립 취지에서 볼 때 열린 태도가 엿보이기 때문이다. 젊은 전문직 종사자들의 모임인 이것이 학계에도 영향을 미친다면 얼마나 좋을까?

"한국이 강경 보수에서 온건 보수 쪽으로 이동하면서 이념적 다양성이 나타날 조짐이 보인다."라고 김영명 한림대 교수는 2002년 대선이 끝난 후 말했다. 하지만 그로부터 2년이 지났지만 세상은 강경 보수와 강경 진보의 맞대결을 반복하고 있다. 경제 문제에서, 핵 문제에서, 역사 문제에서 한나라당과 열린우리당의 대립이 그대로 사회 각 분야에 복제되고 있는 것이다. 물론 이것은 아직까지 우리 언론이 이분법에 의한 담론 창출의 안이한 방식에 목숨을 걸고 있기 때문이다.

표면의 아래를 보면 실제로 다양성이 생겨나고 있는지도 모른다. 그것이 익을 대로 익어서 밖으로 터져 나올 때를 자연스럽게 기다리는 게 나을까? 아니면 목숨을 걸고 공론화시켜서 지형도를 그리고 그에 따라 사람들이 일사불란하게 자신의 입장을 정리하도록 다그치는 게 맞을까? 이 두 개의 질문이야말로 보수와 진보의 가장 현실적이고 절실한 질문의 한 사례가 아닐까 하며 스스로를 위로해 본다.

김우창 혹은 학제성

'원론주의'가 비벼 온 큰 언덕…
학문학적 관점에서 재평가 필요

김우창 고려대 명예교수는 한국 지성계에서 가장 장중한 아우라를 거느린 사상가로 평가받아 왔다. 그는 영문학자로서 국문학 작품들에 대한 비평적 활동을 통해 국문학계의 민족주의적 경향과 낭만주의적 경향을 뛰어넘는 지성적 문학 담론을 창출했고, 문학과 철학을 오가는 독특한 학문 스타일로 묵직한 인문학적 에세이들을 써 왔다.

동시에 그는 '보편성'에 다가가는 하나의 방법론으로 메를로 퐁티에게서 빌려 온 '심미적 이성'으로 구체적인 정치와 생활의 세계를 일관되게 통찰해 왔다. 김우창이 열어 놓은 사유의 지평은 후학들에게 이론적 자양분을 제공하고 학문하는 방법론 차원에서 많은 것을 시사해 왔다. 하지만 동시에 그의 사유와 방법이 수용되는 과정에서 현실을 압도하는 '논리의 성채' 속에서 안주하는 나쁜 담론적 습관을 만들어 오기도 했다. 또한 서구 이론에 대한 김우창의 열린 태도와 자유로운 논평도 후학들에게 온전히 수용되지 못한 채 서구 의존적 글쓰기에 면죄부를 씌어 주는 상황을 빚기도 했다. 이제 김우창에 대한 한국의 찬사와 존경의 표현은 더 이상 그에 대한 올바른 학문적 배려가 아니며, 오늘날 학자들에게도 도움이 되지 않는다. 냉철하게 객관적 입장에서 김우창이라는 텍스트를 살펴보고, 비판적으로 넘어설 필요가 있다.

최근 김우창 교수의 정년퇴임을 맞아 대담집 『행동과 사유』, 논문 모음집 『사유의 공간』(이상 생각의나무 刊) 등 두 권의 책이 나왔다. 이 책에 대한 나의 기대는 매우 컸다. 그의 사상이 무엇인지, 그의 공과가 무엇인지 등이 좀 명확하게 짚어졌으려니 하는 기대감 때문이었다. 필명을 날리는 학자들이 대담자와 필자로 참석했음에도 그러나 김우창이란 신비스럽고 초월적인 존재는 끝내 그 장중한 아우라를 유지한 채 후학들 위에서 군림했다. 이 책은 김우창 교수와 그의 동료, 제자, 후학들의 깊은 상호 신뢰 속에서 김 교수의 학문적 작업을 되씹어 보는 회고의 기능에 그친 감이 있다.

차라리 김우창과 동년배 학자들이나, 그동안 김우창에 대해 단발적으로 비판해 온 강준만, 김진석 등의 학자를 초청해서 대화를 나눴다면 대담의 애초의 목적인 '김우창이란 무엇인가'라는 것이 훨씬 선명히 드러나지 않았을까 하는 아쉬움이 든다.

논문 모음집도 큰 열의는 없어 보인다. 예전에 발표했던 글도 몇 편 있고, 새로 쓴 글들도 김우창의 사상적 스펙트럼을 분담해서 분석하는 수준에 머물렀다. 송무 경상대 교수(영문학), 황종연 동국대 교수(국문학)가 한국의 영문학과 국문학에서 김우창의 작업이 갖는 메타학문적, 비평사적 의미가 무엇인지 예리하게 분석했을 뿐 나머지 글들은 김우창을 잘 '세공(細工)'했다는 느낌이다.

김우창을 제대로 이해하고 소화하려는 시도들이 전혀 돌파구를 못 찾고 있다. 김우창에 대한 연구가 전혀 없는 것은 아니고 단발적인 해석의 시도가 상당히 다양한 분야에서 있어 왔지만, 국내의 인식론은 양극으로 나뉜 채 김우창을 경계인으로 만들어 왔다. 긍정적인 쪽은 그 완벽한 사유의 논리에 대한 복잡하고 장황한 애정 고백을 하는가 하면, 그 반대편에서는 김우창이 학문의 실천성을 약화시킨다거나, 아니면 정체성이 모호하다는 식의 비판이 주류를 이룬다. 우선 지나친 과대평가에서 파생된 문제들이 많다. 오래전 김종철 전 영남대 교수가 김우창을 "백 년에 한 번 나올까 말까 한 학자"라고 평했을 때 많은 사람들은 수긍했다. 하지만 과찬들의 동어반복 현상이 빚어지면서 김우창이란 텍스트는 찬양 고무하는 글들의 벽에 칭칭 감겨서 더욱 모호해졌다.

김우창에 대한 배척, 혹은 슬슬 피하는 학계의 분위기도 안타깝다. 주류 영문학계(?)에서는 김우창을 영문학자로 인정하지 않는다. 김우창이 '한국에서 영문학 하기'와 관련해 많은 글들을 써 왔고, 그에 기반한 평론 활동을 했음에도 영문학계에서는 이에 대한 가타부타의 의견이 거의 없었다. 기타 인문학 및 사회과학 분야에서는 김우창을 제대로 읽은 학자들이 거의 없다. 철학자의 70%, 사회과학자의 90%가 김우창을 읽지 않았다는 게 한 학자의 추정인데 "영어로 된 책 읽고 논문 쓰기 바쁜데 다른 분야를 읽을 여력이 없다."는 게 이유다.

그렇다면 김우창은 이런 상황에서 어떻게 지성의 봉우리라는 평가를 받을 수 있었을까? 그것은 문학 평단과 인문학적 이성주의를 표방한 각 분과의 소수자들의 연대로 이루어진 공공 영역(계간지들)에서 지속적 관심이 되어 왔고, 그 안에서만 김우창은 사상의 대부(大父)였던 셈이다. 이는 백낙청이 인문 사회과학 전반에서 폭넓은 독서의 대상이 되었고, 현재에도 되고 있는 점과 비교된다. 이와 관련해서 권혁범 대전대 교수(정치학)는 "한국 사회과학이 철학적 깊이를 추구하지 않는 낮은 학문적 단계"에 머물러 있는 현실을 통박한 바 있다. 하지만 '전공' 밖은 쳐다보지도 않고, 그 안에서도 국내 학자 글은 잘 읽지 않고, 깊이 있는 학문에 대한 열망이 없다는 것만으로 김우창 외면 현상을 전부 설명할 수는 없다. 뭔가 다른 이유도 있을 것이다.

『철학과 문학비평, 그 비판적 대화』(책세상 刊)의 저자 김영건 계명대 교수(분석철학)는 "김우창의 세계관은 국내 어떤 철학자보다도 더 철학적이고 깊이가 있다."라고 서슴없이 인정한다. 하지만 그는 동시에 "김우창의 심미적 이성 개념이 철학적으로 볼 때 문제점이 많다."고 생각한다. 다만 김우창이 철학적 개념을 툭툭 던지면서 그걸 활용해 자신의 사유를 전개하기 때문에, 하나의 개념을 철학 공식에 따라 풀어 나가는 철학자들의 작업 방식을 통해서는 김우창에 대한 비판이 결코 쉽지 않다는 게 김영건 교수의 입장이다. 큰 뜻은 알겠고, 그 특유의 논리도 있으나 개념의 엄밀한 사용에서는 허점과 빈틈이 있다는 주장이다. 하지만 이런 식의 '엄밀성'을 김우창에게 요구할 수 없다는 걸 철학자들도 인정한다. 딜레마다.

그러고 보면 김우창에 대한 활발한 논의는 많은 부분 김우창의 '논리적 헤게모니' 속에서 이루어져 왔고, 이것은 김우창이라는 블랙홀 속으로 해석자가 빨려 들어가는 현상을 낳아왔다.

극단적으로 표현하면 김우창은 한국에서 질리지도 않는 모방과 반복, 리바이벌의 대상이었다. 그것은 '판단'과 '고증', '주장'이 아니라, '비평적 상상력'의 논리적 변환이라는 차원에서 이루어졌기 때문에, 단단한 비평 담론의 양적 확산이라는 차원에서 의미는 있었다.

하지만 이런 모방도 이제는 한계에 다다랐다. 김진석 인하대 교수(철학)는 "김우창의 글들이 시종일관 서구의 텍스트들을 합리적으로 논평하는 수준에 머물고 있다."고 비판한다. 이것은 '논평'의 이데올로기 차원에서 주목해 볼 만한 지적이다. 논평이라는 것은 어떤 이론을 논리적으로 비평한다는 것인데, 그 비평의 결과물은 학적 주장의 근거로서 매우 중요하다. 하지만 그것이 주장과 연결되지 못하고 논평만으로 머물 때는 '논리 게임'으로 비칠 수도 있다. 김우창 세대에서는 이런 논평이 서구 지식을 수입하는 비평적 방식으로 충분히 의미가 있었다.

하지만 '자생적 학문'이 요구되는 요즘, 이런 담론의 순환을 그대로 이어받는 태도는 수용 불가능하다. 김진석 교수는 '대학 개혁'과 '정치자의 덕목'에 대해 쓴 김우창의 글이 상당히 원론적이고 추상적인 수준에서 서양 텍스트들을 한참 동안 논의하고 난 뒤에 "시장원리로 대학을 재단할 수 없다."라는 식으로 주장은 짧게 그친다고 비판하고 있는데, 이런 비판은 오히려 김우창 에피고넨(모방, 아류)에게로 향할 때 더욱 빛을 발할 것이다.

이렇게 보면 김우창에 대한 비판은 그런 '논리 게임'과 '사유의 추상적 수준'이 갖는 역할에 대한 제대로 된 인식을 세워 나가는 일에서 시작될 것이다.

하지만 한국의 담론 공간은 그동안 '내용'을 갖고 싸웠지, 이런 담론의 효과에 대한 메타코멘터리를 충분히 구성하지는 못했다. 사회과학에서는 외국 이론을 적용하기에 바빴고, 인문과학에서는 원론적인 텍스트를 생산하고 소비하는 것으로 자족해 왔다. 인문학의 이런 경향이 김우창 교수의 그늘 아래에서 비호되었던 측면은 지적될 필요가 있다. 특히 1990년대 이후 「세계의 문학」이 갈팡질팡 흔들렸던 모습, 요즘 폐간 위기에 처한 「비평」이 뚜렷한 예각을 세우지 못했던 모습들, 평론가들이 이끈 「문학동네」 등이 이런 혐의에서 자유롭지 못하다. 시시비비를 따져 가며 현실에 대해 용감히 발언하는 게 현재 한국의 지적 담론에 요구되는 절실한 변화라면, 김우창식 사유는 오히려 생산적인 글쓰기를 평가할 내부적 기준들을 마련하려는 구체적인 노력에 본의 아닌 '장애물'로 기능하는 것 같다.

또 하나 김우창을 둘러싼 시비는 '난해함'과 '명징함' 사이에서 벌어진다. 사실 김우창 교수의 글은, 논리가 장대하게 전개되고 복합문이 많아서 그렇지, 이해하기가 어려운 것은 아니다. 중요한 것은 이 '난해'와 '명쾌'라는 두 개의 판단이 김우창 독자들의 '수준'의 문제가 아니라는 점이다. 그것은 김우창의 사상이 갖고 있는 '학제성'에서 발생한다. 사실 김우창의 난해성은 '센텐스' 단위가 아니라 '아티클' 단위에서 발생한다. 문장은 명쾌하지만, 글 전체로 나아갈수록 학제적 입체성이 두드러지면서 약간 혼란스러워진다. 따라서 김우창의 난해성은 데리다, 들뢰즈와의 그것과는 차원이 다른 매우 '한국적' 현상으로 주목할 만하다. 범박히 말해 보자면 「창작과비평」의 리얼리즘과 「문학과지성」의 모더니즘이 김우창이라는 회색인을 만들어 냈다는 점을 쉽게 떠올려 볼 수 있다.

그렇다면 김우창적 '학제성'의 성격과 의미를 먼저 규명하는 것이 순서가 되어야 하는데, 한국의 학자들은 김우창이 다방면에 걸쳐서 많은 지식을 습득했다는 양적인 차원에서 그를 조명해 왔다. 이런 평면적인 인식에서 김우창의 입체성이 제대로 조명될 리가 없다. 따라서 김우창이 녹여 내는 학문들의 종류에 대한 분류, 김우창의 사유 체계가 하나의 도식으로 그려질 때 그 각각의 학문이 다이어그램에서 차지하는 위치와 비중, 그런 위치와 비중을 결정한 개인적·사회문화적 배경, 개별 학문의 자기 한계성에 대한 김우창의 자각과 그 한계성의 경계를 넓혀 나가려고 한 사유의 결절점들을 찾아 나서야

되지 않을까? 하지만 이런 점들을 해결하기에는 한국 학계의 물심양면적인 역량과 열의가 부족하다. 그래서 김우창은 '권력으로서의 금기'가 아닌 일종의 '소외된 금기'인 것이다.

사실 김우창 말고도 한국의 근대 학문의 이론적 틀을 닦은 학자들이 여럿 있다. 장회익, 백낙청, 김용옥, 조동일, 최장집 등의 사상이 어떤 '학제성'을 구현하고 있는가도 대단히 중요한 문제다. 김우창 연구서를 펴낸 문광훈 박사는 이런 지적에 대해 "학문학적 전통이 생겨날 필요가 있다."라는 대답을 한다.

학문학이란 무엇인가? 쉽게 말하면 학문이라는 것을 반성하는 학문을 말한다. 그러면 학문학의 출발은 무엇인가? 그것은 분과학문의 한계성, 즉 학문의 테두리에 대한 자기 한계 의식에 대한 자각이다. 모든 학자들이 자기 전공 분야에 대해 심도를 갖추는 게 가장 우선의 일이라 해도, 다른 분야에 대해 상식적인 수준의 지식을 갖고 있어서는 '지식인'으로서의 발언권을 획득할 수 없다. 확실하게 외부에 서서 자신을 비판적으로 바라볼 수 있는 교양의 성숙 없이는 어떤 변화도 기대할 수 없다.

김상환 서울대 교수(철학)는 "학계가 김우창 선생의 저작을 고립시켜 놓고 보는 경향이 제대로 된 인식을 막아 왔다."라고 지적한다. 같은 시대에 비슷한 활동을 한 백낙청, 김현 등의 학자와 비교해 봄으로써 "과연 내실이 있었는가?"라는 비판적 관점도 필요하다는 것. 너무 텍스트만 쳐다보지 말고 인간, 학자, 역사 속의 개인, 학문(담론) 공동체 속의 지식인으로서 다양하게 김우창을 조명해 보자는 취지로 들린다.

하지만 비판의 목적은 분명해야 한다. 김우창에 대한 한국의 왜곡된 인식을 문제 삼는 것은 우리 학문의 이론적 토대를 닦은 1세대 학자들을 후학들이 객관화할 수 있는 학문적 저력을 갖추자는 취지다. 그런 점에서 이번 대담집에서 보여 준 윤평중 한신대 교수(철학)의 김우창에 대한 집요한 비판은 매우 유감스러운 풍경이다.

윤 교수는 김우창이 전쟁 통의 고통과 격리된 목가적 공간에서 성장했다는 점, 호남 출신이면서 호남 문제를 거론하지 않은 이유가 명문대 교수이자 최고의 지식인이라는 위치 때문이라는 점, 차별적 현실 속에서 고고한 원론적 진단만 고집한다는 점, 로고스·파토스·에토스가 혼융되면서 상당한 혼란을 빚는다는 점, '심미적 이성'이 결과적으로 감성의 약화를 부른다는 점, 김우창의 이상적 정치 이념이 폐쇄주의로 빠지지 않으면서 내면성 등을 구체화할 수 있는가 하는 점 등을 질문했다.

하지만 이러한 윤 교수의 질문들은 그 표현은 과격하지만 내용적 면에서는 별로 예리하지 못하고, 결론이 나와 있는 비판, 비판을 위한 비판이 아닌가 하는 의문을 품게 한다. 이런 엇나간 비판은 김우창 사상의 학제성 규명, 또한 동시대 학자들과의 역할 비교 등을 통해, "김우창이 우리 인문학의 근대화가 보여 주는 하나의 유형"으로 파악된 후라면 많이 해소될 것이다.

참을 수 없는 생태의 비생태성

닫힌 생태주의의 몇 가지 풍경들...
무엇이 근본주의적인가

국내의 생태적 사유가 지지부진을 면치 못하고 있다. 지적 토론의 풍경은 쉽게 찾아볼 수 없고 정부를 상대로 한 환경 투쟁, 국가와 지역의 입장을 절충하기 위한 정책 회의, 대안적 삶의 패러다임을 소개하고 현 자본주의의 불임성과 지속 불가능성에 대한 비판, 정부의 신개발주의에 대한 브레이크 걸기가 어지럽게 이어진다. 특히 자연 친화적 삶을 주장하는 글들은 스펀지가 물을 빨아들이듯 사람들의 뇌리에 그럴듯한 교훈을 남겼다가 다시 말라 버리기를 반복하고, 자본주의나 현행 민주주의를 비판하는 책들은 너무 아득해서 수용되지 못하고 튕겨져 나간다.

이것은 기본적으로 생명과 자연이 왜 중요하고 소중한지를 느끼게 해 주는 사유들의 지속적인 버전 업이 부족하고, 그것이 문명의 내부 기제들과 갖는 관계에 대한 제대로 된 사회학적 분석이 전무하며, 그런 사유와 분석을 바탕으로 한(혹은 끌어내기 위한) 생태 담론계 내부에서의 대화와 토론의 문화가 없기 때문이다. 「녹색평론」, 「환경과생명」, 강단 이론가 집단, 특정 학회들, 운동 단체들 등이 최소한 '생태적 삶'이라는 목표를 이루기 위한 대전제를 공유한다면 이들 사이에서 충분히 검증된 보편적이면서도 구체적인 사유의 결과물들이 비(非)생태적 공간에 흘러넘쳐야 무언가 변화와 생동이 생길 것인데 전혀 그런 시도들은 보이지 않는다. 공공의 적인 '개발주의자'들에게 제각각의 문법으로 비판을 가하는 데 골몰하느라, 내부의 한계를 인식하지 못하는 탓도 있고, 설령 자기 한계를 인식하고 변화를 모색해 본다고 해도 내부의 인력을 통해서만 그걸 시도하지 타 집단과의 비평적 대화를 통해 시도하지 않는다. 더욱 심각한 것은 타 집단과의 비평적 대화를 시도해도 '비판할 테면 하라'는 식으로 대응을 하지 않는 상호 불인정 문화 내지는 무관심이 큰 장애로 작용하고 있다. 마지막으로 또 하나 거론하자면 '생명'은 무조건 소중하다는 '종교적' 색채를 띤 전체주의적 사고가 담론보다는 실천으로만 사람들을 내몲으로써 차분한 대화의 문화를 '사치 향락' 쯤으로 쉽게 내버리게 하는 경향도 심각하다.

현재 생태적 사유의 흐름을 거칠게 묘사해 보자면 현실주의와 이상주의로 구분할 수 있을 듯하다. 현실주의는 참여연대의 활동을 떠올릴 수 있고, 제도권 정치 영역에 들어온 이른바 '녹색정부' 같은 생태 운동을 의미한다고 볼 수 있다. 이상주의는 지역자치운동, 농촌공동체 회복운동, 자본주의 패러다임의 체질개선운동에 매진하는 긴 호흡을 가진 그룹들이다. 하지만 이건 외부적 규정이고 이들 그룹은 절대 이상주의라든지 현실주의라든지 등의 획일적 규정을 거부한다. 자신들은 평소에 이상의 현실화와 현실 행동의 이념(이상)적 합치를 끊임없이 염두에 둔다는 것이다. 하지만 그걸 모르고 이런 규정을 하는 게 아니다. 누군들 현실과 이상의 중요성을 모르겠는가. 실제로 움직이다 보면 사람이라는 게 한쪽으로 쏠리게 마련이니까 문제 삼는 것이다.

구체적인 사례들을 살펴보자. 한면희 서강대 교수(생태철학)는 신간 『초록문명론』(동녘)에 국내 생태론자들의 글을 단 한 편도 인용하지 않았다. 좀 의아해서 물어보니 "인용할 게 없다."는 답변이 돌아온다. 국내 생태론들이 대부분 에세이고 논문들도 외국 글을 짜깁기한 게 많아 곤란했다는 것. 그는 대표적 생태이론가로 알려진 학자의 저서에 외국 학자의 논문 한 편이 통째로 옮겨져 있다는 걸 말하기도 한다. 학자적 양심에서 저서라고 인정할 수 없는 번안 서적들이 너무 많다는 것이다.

한 교수가 김지하, 장회익 등의 저서를 국내 생태이론가가 참고할 만한 사유가 담긴 책으로 거론하는 걸 보면 이는 더욱 확실해진다. 비체계적이긴 하지만 자기 생각으로 생태적 비전을 구축해 보여 준다는 것. 그는 장회익 교수의 『삶과 온생명』(솔 刊)이 철학적 메시지는 풍부하나 그것을 실천을 위한 계기로 삼으려다 보면 약간 공허해지는 측면이 많은 책이라고 말은 하지만, 이걸 공식적으로 문제 삼은 적은 없다.

생태학계에서 실제로 비판이 이루어지는 경우는 거의 없다. 생태학계가 좁아서이기도 하고, 한국 학계가 갖는 권위적 위계 체제 때문이기도 하고, 서구 의존성 때문이기도 하다. 여기서 가장 큰 문제는 아무래도 서구 의존성이 아닌가 한다. 나머지 문제는 시간이 해결해 준다지만, 이 대외 의존성은 자생적 생태 사유를 펼쳐야 할 주체들이 안고 있는 문제이기 때문이다. 이런 시각에서 한 교수의 말을 해석해 볼 때 국내 문헌 미(未)인용은 섭섭한 면이 없지 않다. 국내 생태이론의 2단계에 머물러 있다는 것이 그의 진단인데, 이론적 학습과 그에 기반한 대중운동을 통해 4단계로 도약해야 한다는 그의 주장은 별로 희망적이지 못해 보인다. 그 운동이 한 교수에 의해 2단계로 낙인찍힌 사람들의 관심을 받지 못할 것이기 때문이고, 결국 분파를 늘리는 식에 그칠 공산이 크기 때문이다.

학계의 해외 생태이론의 무차별적 수용과 활용, 이미 정치세력화된 서구 생태주의자들의 이론을 생태운동이 전혀 정치세력화되지 못한 한국의 현실에 대입하다가 초래하는 여러 가지 불협화음도 문제이지만, 정부를 향한 로드맵 제시가 애초에 메아리를 얻기 불가능하다는 것에 대한 솔직한 인식이 부족한 것도 문제다. 생태적 사유를 하든, 정책을 세우든, 에세이를 쓰든, 현장 탐방을 하든, 서평을 싣든 간에 '생태 담론 매체'는 지식인들을 대상으로 그들을 끊임없이 자극하고 괴롭히는 전략을 사용해야 한다는 게 내 생각이다.

가령 '생태경제학'을 표방하는 사람들의 논문이나, 아니면 생태운동을 잘 취급하지 않는 NGO 이론가에게 솔직하게 불만을 털어놓을 수 있지 않은가. 비교적 수온이 맞는 물에서 활동하는 사람들끼리 서로 지적하고 칭찬도 하고 해야 그것이 외부의 관심을 끌 것이기 때문이다.

「녹색평론」은 최근 많은 변화를 모색하고 있는 것으로 보인다. 21세기 사상 강좌를 통해 해외의 저명한 생태주의 실천가들을 초대해 대중들과 허심탄회한 대화를 나누고, 한국 생태운동에 대한 조언을 듣는 풍경은 새로운 면이 있다.

그리고 '산업적' 관점에서만 농업에 접근한 학자의 주장에 대한 비판적 글을 싣고, 산업화와 자본주의에 대한 비판 일변도에서 벗어나 한국의 산업화의 기원을 찾기 위해 박정희 시대를 특집 좌담으로 검토하고, 이 시대에 대한 진보적 지식인들의 '지속 불가능한 발전'(경제적 부분에서의 성과는 인정하지만 민주주의를 억압한 것은 과실)이라는 평가에 대해서 근본적으로 의문을 제기하기도 한다. 그런데 좌담 참석자들이 그동안 「녹색평론」 주요 필진이었던 권혁범, 천병석, 신보연, 강수돌 등이다. 재미있는 것은 사회자인 김종철 편집인부터 각 참석자들의 의견이 상충되는 부분이 제법 많이 제시되었음에도 불구하고 토론하지 못하고 어물쩍 넘어간 부분이 많았다는 점이다. 이 풍경이 「녹색평론」이 부딪힌 가장 근본적인 딜레마가 아닐까?

나는 생태주의자들이 그들과 생각이 다른 지식인들을 설득하고 변화시킬 수 있어야 지속 가능성을 가질 수 있다고 본다. 다소 위험한 발언이지만 위로부터의 생태화가 아래에서의 생태화와 만날 수 없다면 결국 요즘 벌어지는 것처럼 생태주의의 상품화와 개인화, 그리고 온정주의와 결합된 기형적 생태운동 등이 반복될 것이다.

고구려사에 대한 우리 사회의 반응을 보자. 중국이 실제로 어떤 일을 벌이고 있는지에 대한 정확한 정보를 추구하려는 노력 없이, 내 것을 빼앗길지도 모른다는 두려움과, 감히 우리 민족의 대동맥을 잘라 내려 한다는 감정적인 반응으로 중국을 통째로 적대시하는 것이 우리의 언론과 학계와 또한 대중들이다. 그리고 그런 이들이 새만금 갯벌을 지키기 위해 투쟁하고, 도롱뇽을 지키기 위해 투쟁한다.

이 두 가지 투쟁의 겹침에서 나는 '소유'에 대한 강한 집착을 본다. 그리고 물러서기 싫어하고 지기 싫어하는 승부 근성을 본다. 지율 스님의 '희생'에 대한 그 많은 헌사에서 알게 모르게 등장하는 무분별한 감정의 배설들을 본다. 이것은 결코 시민의식의 성장으로 보이지 않는다. 물론 언론의 여론 독점이 많이 약화되고, 수많은 이슈 메이커들이 거점화된 인터넷 공간 속에서 이런 이슈 파이팅이 정치적 힘을 발휘해, 설령 새만금과 도롱뇽이 온전히 살아난다 하더라도, 그것이 우리에게 어떤 정신적 만족감과 궁극적 해방감을 줄 수 있는지 잘 모르겠다. 이 모든 모습들이 생태와 생명이라는 것이 갖는 유기성, 개방성, 포용성, 조화, 인내 같은 일반적 특징들과 그리고 지구를 하나의 생태로 볼 때 일종의 적자생존 같은 자연의 본능적 법칙과도 어떻게 어울리는지 정말 모르겠다. 물론 새만금에 골프장을 짓겠다는 지방자치단체의 발상도 정말 이해하지 못하겠다.

가령 요즘 지역에서 자치 운동을 벌이고 있는 여러 생태주의 운동가와 이론가들은 중앙집권화된 시민운동 때문에 지역 단위의 의미 있는 실천들이 주목받지 못하고, 그들 움직임이 하나의 전체적인 경향으로 통합되지 못한다고 불만을 표시한다. 그런데 생각해 보면 그런 지역 단위의 움직임들은 들뢰즈가 말한 리좀적 방식으로 뭉쳤다 흩어졌다를 반복하면서 노마드적으로 존재해야 하는 게 오히려 옳은 게 아닐까? 그런 의미 있는 실천들이 있다는 것을 사람들에게 알려서 공감대를 얻어 내고 교훈을 주는 것으로 오히려 만족해야 하는 게 아닐까?

이런 민주주의에 대한 대안적 모색들은 흔히 근본주의적 움직임으로 파악된다. 가라타니 고진이 주장하는 제비뽑기식 투표 방식을 도입하자는 최신의 주장도 마찬가지다.

하지만 그것이 과연 근본주의적일까? 이 땅, 바로 이 대한민국에서 말이다. 그런 것들은 오히려 현재의 '자본주의+민주주의' 시스템이 끌어안을 수 있는 부분이 아닐까?

제도상의 변화가 설령 온다고 한들, 자본의 세계화와 부익부 빈익빈과 궁극적으로는 세계가 파멸하는 결과가 오지 않으리라고 어떻게 확신할 수 있을까?

오히려 근본주의적이라 불리는 생태 담론이 자본과의 신경질적인 대치 상태 속에서 그 내부에 한 발을 디디고 있는 상황, 그 상황이 아무 탈 없이 이렇게 오래 지속될 수 있는 이유, 왜 주변적인 것이 중심적인 것으로 인식되고 있는가에 대한 질문, 생명에 대한 인문학적 찬미가 외면하는 자연과학적인 엄혹한 현실 등에 대해 질문을 던지는 게 오히려 정말 근본주의적인 태도이고, 사람들에게 지적이면서도 윤리적인 자극을 안겨 줄 수 있는 태도가 아닐까?

현재 정착화되고 정상화되려는 몸짓을 보이고 있는 대의제 민주주의를 끊임없이 생태적으로 자극하고 비판하고, 때로는 한발 물러설 수 있는 것이 생명체의 일종의 자기 진화적 행동이 아닐까?

텅 빈 강의실에서 신경질적으로 목소리를 높이고 있는 생태주의자들의 엄숙한 설교 앞에서 이런 질문들을 던져 본다.

문화비평에 '문화'와 '비평'이 없다

에세이 아니면 풍경 묘사...
평론가 양산 시스템 문제

글쓰기에서 '문화 비평'만큼 그 정체성이 흙탕물인 분야도 드물다. 글 좀 쓴다는 이들이 모두 문화 비평을 쓰고 있다. 물론 서동진, 이동연, 진중권, 김종휘, 신현준 같은 전문 평론가들도 있지만 이들은 '아마추어'들이 날뛴다고 불만을 표한 적도 없다. 내심 불만은 있겠으나 필자들이 저명한 교수이거나, 해당 분야의 마니아라면 뭐라고 하기가 좀 그럴 것이다. 아니면 문화 비평이 담벼락을 높이 세우지 않고 텃세를 부리지 않는 진보적인 장르임을 자부하는 탓일까? 그건 아닌 것 같다. 문화의 스펙트럼이 워낙 넓고, 문화에 대한 글쓰기 욕구가 너나없이 충만하고, 그런 글을 읽으면서 자기만족을 느끼는 독자들의 뚜렷한 존재 때문일 것이다.

하지만 이 많은 문화 비평가들이 쏟아 내는 글들은 심각한

71

문제를 안고 있다. 우선 비평으로서의 정체성을 전혀 확보하고 있지 못하다. 비평이라면 갖추어야 할 최소한의 '전문성'이 '제로'에 가까운 글들이 많으며, 약간의 새로운 시각과 글맛을 내는 에세이들이 대부분이다. 그리고 비평을 하더라도 비평 대상을 놓친 채 불특정 다수를 향한 경고성 뚱침 한 방 놓는 경우가 태반이며, 순환논리나 자기모순에 빠지는 경우도 허다하다.

전문 비평가들의 세계도 마찬가지다. 그들은 문화 자본이 어떻게 돌아가는지 그 밑그림을 아주 잘 그린다. 크로키, 캐리커처, 펜화, 풍경화로 유려하게 펼쳐 보인다. 그런 다음 세 꼭지점을 갖춘 변증법적 논리의 거푸집에 넣어 돌려 버린다. 그 입체 영화 앞에서 대중들은 여태까지 홀려 왔다. 하지만 이는 결국 풍경이고 묘사일 뿐이다. 비평을 애써 시도하는 축들도 설득력을 갖지 못한 채 '신경증'이 심하다는 소리를 듣고 만다. 문제가 무엇일까? 문화에 대한 글쓰기에 이토록 수많은 지면이 할애되는데도 문화 비평은 왜 아무것도 못하고 있는가?

얼마 전 김영민 한일장신대 교수는 '문화 비평'이 정치적 패배주의에 빠졌다고 진단했다. 비평적 글쓰기는 변화를 지향해야 하고, 실천을 동반해야 하는데 문화 비평을 하는 사람들이 글을 쓰기도 전에 그 변화와 실천의 현실적 불가능성 때문에 적당히 '고급스러운 논리' 속에 숨어 버린다는 뜻이다.

문화 평론가들은 대부분 '고급' 이론을 가지고 있지만, 다루는 대상은 대부분 '대중문화'다. 그것은 우리의 문화 비평가들이 자양분으로 삼았던 이론적 토대인 버밍엄 학파, 마르크시즘적 문화 연구 등이 대중문화 연구였기 때문이고, 이들의 이론이 매우 혁신적이면서도 논리적으로 굉장히 아름답기 때문이다. 포스트모더니즘을 후기자본주의의 문화 논리라고 분석하는 프레드릭 제임슨의 글은 얼마나 심층적 사유를 보여 주는가. 문제는 우리의 비평가들이 이런 이론적 단초를 아우라로만 걸친 채, 혹은 그 과거에 여전히 멈춰 서 있는 데서 발생한다. 그리고 그런 낡은 이론에서 얻은 분석 도구들을 자유자재로 휘두르면서, 상업 매체 및 업계들과 관계를 맺고 이해타산에 제한된 글쓰기를 행하거나, 혹은 건강한 문화, 성찰적 문화보다는 자극적이고 유희적인 문화를 '개인', '10대', '미디어' 등을 통해 합리화하고 있다는 것이다.

가령 지난 일 년 사이에 대어(大漁)급으로 성장한 김종휘를 보자. 그는 원래 인디음악의 대부였는데, 대안문화, 영화, 음악, 신종 현상에 대한 다양한 글과 코멘트를 쏟아 내더니, 지금은 영화 비평들에 대한 메타비평을 일간지에 연재하고 있다. 처음엔 좀 날카롭게 지적을 하는가 싶더니 '뭔가' 마찰이 있었는지 나중으로 갈수록 기자들과 영화 평론가들의 견해를 종합해 주는 밋밋한 글이 되어 갔다. 그런 그가 최근에는 TV 진행자로 나섰다. 그의 정체성은 무엇인가? 이런 복잡한 거점 이동과 그 안의 자아 전개를 어떻게 받아들여야 할까?

진중권의 경우 미학 이론, 문화 비평을 하면서 정치운동 및 비평을 하고 있다. 그런데 정치 비평에서의 그의 좌파적 경향은 그의 섹시한 문화 비평에서는 잘 드러나지 않는다. 쓴소리를 막 해대도 상관없는 정치판에서는 소신 있게 행동하면서,

왜 연성의 물렁물렁한 글들이 넘쳐 나는 문화판에 대해서는 모르는 척하면서 섞여 드는지 모를 일이다.

좀 더 들여다보면 진중권은 글쓰기를 이원화시키고 있다. 겉으로는 문화 비평과 정치 비평을 하고 있지만, 속으로는 미학적 글쓰기와 정치 비평을 하고 있는 것이다. 그렇다고 그의 정치 비평이 문화적 차원에서 이루어지는 경우는 거의 없다. 그의 급진 좌파적 당파성을 띤 상대방에 대한 논리적 공격이 주조를 이룬다. 그는 과연 문화에 대해 애정이 있는 것일까?

이들에 비해서는 자신이 게이(Gay)임을 선포하고 게이들의 인권, 문화를 확산하기 위해 노력하는 서동진, 음악에 대한 실존적 고뇌와 사회학적 관찰을 잘 섞어 놓는 신현준, 축구가 좋다고 노래를 부르고 책까지 내는 정윤수가 차라리 솔직하다. 하지만 이들이 글쓰기의 대상으로 삼는 건 대부분 영화나 드라마 같은 '대중물', 피스몹(peace+mob) 같은 '말놀이'(?)의 배후를 읽어 내는 일이다. 특히 요즘 문화 비평은 희한하게도 '영화', '드라마', '공연' 같은 장르적 틀 내로 숨어든다. 하지만 문화 평론가들은 이들 각각의 장르에서 전문가가 아니기 때문에 그냥 써 오던 감각대로 글쓰기의 틀을 잡은 뒤 감독이나 해당 문화권에 대한 세컨더리를 약간 뒤져 보고 감상문을 쓰는 것이다. 이런 틀 안에서는 아무리 '개성'을 내봤자 크게 모아 보면 다들 비슷한 수준의 글들이 된다. 문화 평론가들의 '월장 행위'(?)를 당분간 금지해야 할 것인가? 글쓰기의 대상으로서의 문화를 '발견'하려는 노력보다는 자본이 던져 주는 일감으로 연명하는 이런 소극적 존재 방식은 '문화'에 대한 위상을 깎는다.

그 다음의 문제는 '하위문화'가 갖고 있는 몇 가지 코드에 대한 무비판적 유통이다. 사실 이 부분이 가장 중요하게 짚고 넘어가야 할 부분이다. '저항', '넘나들기', '그로테스크', '평행 소통' 등의 탈모던적 기준들은 요 근래에 선언만 하면 진실이 된다. 「메트릭스」가 출현했을 때 동서양의 온갖 철학을 짬뽕해 놓은 이 영화에 두 손 들지 않은 문화 평론가가 과연 있었던가? 도정일 경희대 교수(영문학)가 「메트릭스」를 "헐리우드의 똥"이라고 과격하게 비판한 이유도 철학의 짬뽕이 만들어 내는 현란한 이야깃거리를 문명에 대한 재기 발랄한 비판으로 바꿔 놓음으로써, 자신들의 정치적 패배주의를 합리화하고 안주하려는 문화주의자들의 이구동성 때문이었을 것이다.

또 한 가지 사례를 들어보자. 이라크전 반대 시위자들이 스스로의 시위를 '놀이'로 규정하고, 길거리 아티스트들이 굉음을 지르거나, 추상성이 극에 달한 혹은 패러디의 수준이 매우 낮은 이상한 조형물들을 길거리에 내놓을 때 그것이 '저잣거리'에서 벌어진다는 이유만으로 평론가들은 이미 그들과 한목소리가 되어 어깨동무를 하고 있다. 포스트모던적 예술에 익숙한 평론가들이 나름대로 예술가들과 함께 퍼포먼스를 함께 행하는 것인데, 이것은 내게 실천이 어떻게 비평의 약화를 낳을 수 있는지를 적절히 보여 주는 사례로 보인다. 물론 전부가 다 그렇지는 않지만 대개의 흐름이 그렇다는 것이다. 문화 비평은 좌파적·탈이성적 소재주의에 부여한 비판 금지의 왕관을 벗기지 않고서는 "문화 자본의 제국주의적 침략에 대한 대응과, 하위 주체들의 삶을 반영하고, 예술의 무한한 영역 확장을 보여 준다."는 등속의 재미없는 말밖에 할 수 없을 것이다.

여기서 제기되는 근본적인 딜레마는 '문화 비평'의 전문성을 어떻게 확보할 것인가이다.

가령 서동진은 「백수, 탈근대 자본주의 무기력자들」이란 글에서 오늘날의 백수를 "노동하는 주체에게 요구되던 일반적인 능력의 기준은 더 이상 설득력이 없다고 판단한 자들"이라고 정의하고 있는데, 이는 결국 사회가 '자발적 백수'를 양산했다는 불만이다. 그런데 '강요된 자발성'이란 논리가 과연 가능할까? 새로운 이야기를 하려다 보니 논리가 복잡해지고, 현상을 보더라도 '대표성'과 '보편성'을 놓치고 마는 것이다. 아무튼 대중문화를 견제하는 역할에서도, 사회적 흐름을 읽어 내는 일에서도 문화 평론가들의 시각은 좀처럼 돋보이지 못한다.

혹자는 전문성이 부족한 일간지 기자의 눈에 띄어 양성된 사이비 평론가들보다는, 문화의 각 분야에 종사하는 '마니아'들을 적극적인 평론가로 키워 내야 한다는 견해를 내놓는다. 컴퓨터 문화에 대해서는 24시간 컴퓨터를 안고 사는 사람이 글을 써야 '전문성'이 확보된다는 것이다. 이것은 오늘날 '문화 비평'에 등장하는 정보들이 마니아들이 보기엔 굉장한 오류들을 담고 있다는 지적으로서 경청할 만하다. 하지만 마니아들이 나선다고 양식 있는 사람이 읽고 고개를 끄덕일 만한 글이 나올 리가 없다.

문화 평론가의 본질은 역시 '잡학(雜學)'이다. 문화를 얘기하기 위해서는 모든 분야를 골고루 꿰차는 능력이 필수적이기 때문이다. 다만 '문화적 잡학'에서는 벗어나야 할 것이다. 각종 시각 영상 분야에서 '놀이=공부'로 전문성을 키워 그것을 사회 전반으로 확장하는 현재의 평론가 양산 시스템에선 다성성(多聲性)도 불꽃도 될 수 없다. 신현준처럼 사회과학자 출신 전문 문화 평론가도 나와 줘야 문화 비평에서 다루는 것들이 '뻔하지 않은 것'이 되지 않을까? 그러고는 어떤 분야의 얘기를 하더라도 독자에게 그것이 '문화적 차원'의 이야기라는 걸 납득시키고, 그럼으로써 문화라는 추상적 개념에 대한 우리 사회의 담론을 풍요롭게 해야 한다. 큰 문화는 존재하지도 않는데 작은 문화들이 돌아다니면 너무 이상하지 않은가?

이를 위해서 문화 평론가들은 자신들의 '글쓰기'를 버릴 필요가 있다. 낡은 문화 비평은 죽고 새로운 문화 비평이 살기 위해서.

대중적 글쓰기의 허구성

학문의 통언어적 실천 본격...
빈약한 내용 돌파 관건

학계의 지나친 전문주의와 엘리트주의는 삶과 학문을 결별시켜 별개의 것으로 만들어 왔다. 엘리트주의는 학문을 자율적인 영역으로 구축하는 데 필수적이고 요긴한 것이었다. 하지만 내부에서 아무리 활발하고 뭔가 대단한 것을 하는 듯한 '효과'를 내더라도, 현실의 제도와 삶을 설명하고 변화시키는 실질적인 힘이 없다면 그 기득권이 심각하게 위협받을 수 있다는 '자율성의 함정'이 인식된 것은 그리 오래된 일이 아니다. 한국에서 이른바 '지식의 대중화'가 목소리를 높여 온 것은 대략 1990년대 후반부터이고, 그것이 일각에서 '대세'로 인식되고 움직이면서 하나의 지류를 형성한 것은 2000년 이후다.

'보편적 청중' 확보해 학문 위기 타파

지식 대중화를 말할 때 지배적인 심상(心象)으로 떠올리는 것은 '대중적 글쓰기'다. 대중적 글쓰기는 어려운 전문 용어와 한자, 논리의 구조물을 해체해서 우리말 속에 생각이 잘 용해된 쉬운 글, 독특한 예시와 문체로 독자에게 다가가는 글쓰기를 의미한다. 이 대중적 글쓰기의 순기능은 학계의 전문 지식과 대중의 접촉 포인트를 대폭 늘려 학문적 성찰성과 깊이 있는 지식의 토대 위에 우리의 삶을 위치시킬 수 있다는 데 있고, 또한 철학·한문학 등 고사 직전에 처한 순수 학문의 위상을 되살려 낸다는 데 있다.

이런 실용적인 측면 말고도 '대중적 글쓰기'가 원론적으로 함축하고 있는 중대한 기능은 따로 있다. 그것은 오늘날 학문을 하는 목적이나 방법론이 근본적으로 잘못되어 있다는 반성에서 비롯된 것이다. 우선 근대적 학문이 거대한 기계의 한 부품처럼 '특수한 보편성'이라는 형용모순에 기초해 있어, 횡단성과 1인2역이 중요시되는 오늘날에 맞지 않다는 것이다. 다시 말해서, 분과학문이 자신이 근거한 특수 영역을 넘어설 때는 매우 '기형적인 것' 아니면 '유아적인 것'이 되어 버린다는 것에 대한 자각인 셈인데, 따라서 대상을 궁리하는 일 자체가 '보편적인 청중'을 염두에 두고 진행될 때에만 통언어적인 학문이 가능하다는 게 '대중적 글쓰기'의 실천 개념에 들어 있다.

오늘날 진행되고 있는 '지식 대중화'의 다양한 실천들은 '교양서적'의 범람에서 그 존재감을 여실히 느낄 수 있다. 그것은 일단 양적이고 외형적인 측면에서 학계의 엄숙주의, 전문가주의, 논문 중심주의를 경계하는 균형추 역할을 수행하고 있다.

하지만 질적인 측면에서 들여다보면 오늘날 지식 대중화 현상이 과연 앞에서 언급한 실용적이고 본질적인 역할에 충실한 것인지에 대해서는 의구심을 갖지 않을 수 없다. 구호에 가려 보이지 않는 허점과 이데올로기가 많은 것 같고, '대중'이라는 마술에 기대는 정도에 따라 리스크가 눈덩이처럼 불어나는 것 아니냐는 질문이 생긴다.

지식의 대중화는 지식의 생산과 유통 과정에서 '창조적 파괴'를 동반하는 매우 묵직한 과정이다. 그것은 생각하기와 말하기의 관행을 깨는 것이기 때문이다. 학문이 고도의 추상화 작업으로 철학성과 깊이를 획득한다면, 반대로 '고도의 구상화 작업'으로 그 구체성의 세계를 획득한다고 볼 수 있다.

하지만 요즘의 대중화에 이런 '구상화'가 담보되고 있는 것 같지는 않다. 우선 그 작업이 주제나 사유 차원에서 일어나기보다는 소재나 관점, 글쓰기 차원에서만 일어나고 있는 것이다. 가령 '미시사(微視史)'와 '생활사(生活史)'의 열풍이 그 일단을 엿보게 해준다.

'고도의 구상화' 없는 글쓰기의 迷夢

서구의 포스트모더니즘 역사학을 수용하면서 2년 전부터 본격적인 미시사 적용서들이 선보였는데, 백승종 서강대 교수(한국사)의 『그 나라의 역사와 말』(궁리 刊), 『대숲에 앉아 천명도를 그리네』(돌베개 刊)는 '개인'을 통해 역사 전체를 새롭

게 보려는 획기적인 시도로 주목을 받았지만 곧 비판에 부딪
혔다. 한 개인의 삶과 철학이 시대와 맺는 관련성 및 시대의
지형도를 새롭게 볼 만한 요소를 내포하지 못한다는 판단 때
문이었다. 그러나 이런 비판과는 별개로, 그의 작업은 일정한
의미망을 형성했다. 전자는 이찬갑이라는 평민 지식인의 '일
기'를 따라 읽었고, 후자는 사상가인 하서 김인후와의 가상 대
담을 통해 그의 다원적이고 복합적인 측면을 드러내려 했다는
점에서 소재와 관점, 글쓰기 방법론이 독특했다고 할 수 있다.

조선 선비의 생활사를 다룬 책은 정창권 고려대 강사(국문학)
의 『홀로 벼슬하며 그대를 생각하노라』(사계절 刊), 허경진 연
세대 교수(국문학)의 『사대부 소대헌, 호연재 부부의 한평생』
(푸른역사 刊) 등이 있지만 큰 반향을 얻지 못했다. 물론 강명
관 부산대 교수(한문학)의 『조선의 뒷골목 풍경』(푸른역사 刊)
이나 고미숙 씨의 『열하일기, 그 웃음과 역설의 시공간』(그린
비 刊)처럼 각각 5만 부, 2만 5,000부의 판매고를 올린 경우도
없지 않다.

한기호 한국출판마케팅연구소장은 "출판 불황과 관계없이
콘텐츠만 확실하면 독자들이 외면하지 않는다는 사실을 확인
시켜 준 사례"라며 추어올린다. 유재건 그린비 대표도 "과거
의 마이너들이 자기 목소리를 갖고 기존의 메이저들이 차지한
영역을 침투해 새로운 중심을 세울 것이다."라고 내다보고 있
다. 이런 확신들은 앞의 책들이 기존에 다루지 않았던 "새로
운 소재와 관점으로 역사를 보는 신선한 시도"라는 데서 생겨
나는 듯하다.

하지만 과연 그럴까? 글쓰기나 소재나 관점에서 뭔가 새로운 걸 끌어들이는 게 요즘 '대중적 글쓰기'의 핵심으로 자리 잡고 있다. 그런데 독자의 '인식'을 바꿔 놓을 정도의 새로운 역사상이나 철학적 전언은 없다. 새 술을 새 부대에 담은 것이 아니라, 헌 술을 냉장고에 넣었다가 내놓는 격이라 첫맛은 시원하지만 끝 맛은 더욱 야릇하고 찝찝할 때가 많다.

문학 평론가 김인호 씨는 "펼쳐 보다가 10쪽도 못 읽고 덮는 경우가 갈수록 늘고 있다."라는 개인 체험을 전한다. 그는 "예전에는 10만 부 판매를 너끈히 기록했을 책들이 요즘에는 1만 부에 그치고 있다는 건 근래 책들이 대동소이한 소재와 문체, 고만고만한 이야기들로만 승부하려는 유행 현상 때문"이라고 분석한다.

이현식 인천대 강사(국문학)도 비슷한 생각이다. "고미숙 씨의 옛날 책들은 지적 자극을 던져 주는 책이었지만, 『열하일기』는 그분이 쓴 책인가 싶을 정도로 실망한 게 사실"이라고 지적한다.

문제는 이런 문제의식이 현재 광범위하게 동의를 얻고 있다는 사실이다. 즉, 미시역사서를 둘러싼 출판계의 자화자찬은 '비판적 검증'을 겪지 않은 '시장 판매'에 따른 추후적 해석과 자의적 판단에 지나지 않는다는 것이다.

이런 불만을 가지고 계속 '대중적 글쓰기'를 추궁하다 보면 지적 쏠림 현상을 발견하게 된다. 우리 사회의 독서가 비평적 잣대를 상실한 주류 언론이 조성하는 지적 경향을 좇고 있는 데서 찾아볼 수 있다. 수시로 정보를 주고받는 언론과 출판사,

그리고 아카데미를 답답해하는 학자들 사이에 형성된 공감대가 띄운 '읽을거리'가 '대중적 글쓰기' 자체로 포장되다 보니 본질이 가려지는 것이다.

지식 대중화, '비판적 중계자'로 거듭나야

'재야'라는 것의 이데올로기도 짚어 볼 필요가 있다. 한국에서의, 특히 역사학 분야에서의 재야는 민족주의 사학에 대한 강한 반감을 토양으로 성장해 왔다. 이덕일, 이희근, 남경태를 거쳐서 최근의 강명관, 백승종, 김현식 등으로 이어지는 재야의 반열들은 기존 학계에 대한 직접적 '비판'을 해 왔다.

예를 들어 이덕일의 『송시열과 그들의 나라』(김영사 刊)에서 조명되는 송시열은 예학의 선봉장이 아니라 숙청의 칼을 허리에 찬 당파의 냉혹한 우두머리로 조명되고 있다.

문제는 이런 기존 학계의 연구 성과에 대한 비판이 비판 대상자와의 최소한의 담론적 교집합 위에도 서 있지 못하다는 데 있다. 설령 송시열과 관련된 재야의 지적이 사실이라 할지라도, 담론의 교집합 속에서 반대 담론과의 부딪힘과 융합 없이 순전히 바깥에서 담 안쪽을 향해 욕하는 식으로 비판이 이루어져서는 '진정성'이 없다는 것이다. 송시열이라는 역사 인물의 복합성이라는 주제 자체의 속성을 가지고 따져 볼 때도 그렇다. 이런 진정성 획득의 실패는 주제를 다루는 배타성과 편협성에 기초해 있는 것이고, 또한 어느 정도의 '말초적 대중 영합주의'의 산물이기도 한 것으로 보인다.

요즘에 오면 상황이 더하다. 최근 역사학계의 '대중적 글쓰기'는 이런 최소한의 비판적 역할마저도 팽개치고 있다. 이는 학계와 독서계를 연결해 주는 '중간 필자' 지식인이 전반적으로 놓여 있는 상황을 점검해 보는 것으로 알 수 있다. 이슈를 만들지 못하고 '중계자'의 역할, '앵커'가 되지 못하고 쉽게 풀어 주는 '아나운서'의 역할에 만족하고 있는 듯한 모습이 가장 눈에 걸린다. 견고한 것을 소프트하게 바꾸는 역할로 제한된다는 것은 학계의 역량을 양화(量化)시키는 것 이상이 되지 못한다. 맛깔스럽다는 것은 글쓰기의 한 특성으로 국한되어야지, 그것이 책의 전체를 저울질하는 기준으로 적용되어서는 곤란하다는 것이다.

오늘날, '쉽다는 것'은 하나의 이데올로기임이 분명하다. 그 이데올로기는 '전문성'의 이데올로기에 비해서는 인간적이지만, 그 부작용은 더하면 더했지 덜하지 않다. 이런 이데올로기에 편승한 대중적 글쓰기의 한계는 명백하다. 그것은 내용의 상한선을 명백하게 긋고 시작함으로써 자기 발전의 가능성을 스스로 차단하는 행위이다. 쉬워야 하고, 재미있어야 하고, 너무 깊게 들어갈 필요가 없고, 예시를 많이 들어서 설명하자는 계율은 마치 허들 경기와도 같이 정형화된 힘겨운 몸짓을 생산해 낸다.

'쉽게 쓰기'가 일말의 진정성에도 불구하고 이데올로기로 작용하는 까닭은 글쓰기의 권력 이동 현상에서 찾아볼 수 있다. 오늘날은 글쓰기의 주체가 지식인에서 대중에게로 이동된 시기다. 이것은 글을 쓴다는 행위 자체가 권위를 갖지 못하는 시대라는 의미다. 그렇다면 지식인들의 대중적 글쓰기는 일종의 패러다임 변환에 종속되는 선택이라고 볼 수 있다.

그것은 대중의 감수성이 지배하는 시대에 주류가 되기 위한 선택인데, 이렇게 볼 때 대중적 글쓰기는 글쓰기에 대한 정교한 자기 성찰성을 기반으로 해서 생산된 흐름이라기보다는 외재적 환경에 의해 주어진 수동태인 것이다. 이런 대중적 글쓰기에 내재된 수동성에 주목할 때 우리는 그것이 쉽사리 '타협적이고 패턴화된 글쓰기'로 정형화될 수 있다는 것을 짐작할 수 있다. 요즘 학계의 인기 저자들의 글쓰기에서 느껴지는 '문화적 피로감'도 이런 구조적 변수를 통해 짐작해 볼 수 있을 것이다.

근대성 콤플렉스

빈약한 실증 빈곤한 해설...
구성주의에 포획된 과거

    근대가 형성되었던 식민지 시기를 민족문학과 모더니즘 문학, 카프문학 등의 구분법에 따라 연구하던 국문학계의 관행이, 아니 패러다임이 뒤집히고 있다. 그것은 '민족'을 주인공으로 하는 게 아니라 '개인'을 주인공으로 하는 역사적 안목 속에서 문학을 연구하고, 개인의 육체와 정서에 대한 표현들을 붙잡고, 문화 현상 속의 갖가지 미시적 현상들을 잡아내는 연구들을 말한다. 이는 국문학계에서 가장 활발하긴 하지만, 사회학계와 역사학계로 점점 번져서 보편화되는 양상이다.

    특히 옛날 신문들을 다시 읽으면서 그 속에 드러난 천태만상 속에서 무언가를 건져 내려는 시도들이 대유행을 이루고 있다. 권보드래 서울대 강사가 펴낸 『연애의 시대』(현실문화연구 刊)가 가장 유혹적인 제목을 달고 나온 이 분야의 비교적 최신의 결과물이다. 이 책은 1920년대 초반 이 땅을 물들인 연애 사건들을 추적하고 있다. 그 결과 그 시대를 '연애의 시대'라고 명명하고 있다. 연애라는 것이 시대를 규정할 만큼 그렇게 내단한 삶의 주제였는지 의심이 가기도 하는 과감한 제목이다.

또 한 권의 책이 있다. 『국민국가의 정치적 상상력』(소명출판 刊)은 젊은 국문학도들의 석사 논문 3편을 묶어서 책으로 펴낸 것이다. 관점과 방법론, 안목이 숙련되기 이전의 석사 논문들이라 그런지 이 책은 대강 훑어보기에도 그 논리의 전개와 완성도가 매우 떨어진다는 것을 한눈에 알 수 있지만, 젊은 국문학자들이 최근에 어떤 이론적 서사에 매혹되어 있는지를 살펴보고 점검한다는 차원에서 한 번 살펴볼 만하다. 이 세 편의 논문에서 공통점을 찾으라면, 모두 애국계몽기 지식인들이 그들이 꿈꾸었던 새로운 국가에 무엇을 채울지 상상하고 실천했던 모습을 주목했다는 점이다. 일제에 의해 힘없이 꺾였던 대한제국, 아니 차라리 스스로 무너져 내렸던 부패한 왕조의 기억을 떠올리는 이들에게는 이들이 꿈꾸었던 '국가'가 도대체 무엇인지에 관심이 쏠리게 만든다.

『연애의 시대』는 지난해 초에 출간된 『모던뽀이 경성을 거닐다』(신명직 지음) 및 김진송의 『서울에 딴스홀을 허하라』(이상 현실문화연구 刊)의 계보를 잇는다. 이 책들의 공통점은 몸과 욕망의 근대를 끌어당긴다는 데 있다. 신문 잡지의 잡스러운 사건 사고와 정제되지 않은 표현들을 통해 당시 대중의 삶을 날것 그대로 보여 줌으로써, 우리의 앎을 보충하자는 취지를 갖고 있다. 지난 1999년에 출간된 『서울에 딴스홀을 허하라』의 이러한 시도는 신선했고, 그 안에 담은 근대의 실물들 또한 '근대적 자기 인식'의 다른 측면에 대한 충분한 응답이 되어 주었다.

그러나 올해의 두 책은 물음표를 찍지 않을 수 없다. 『연애의 시대』는 '연애(戀愛)'라는 박래품이 조선 반도에 불어 닥친 과정을 따라가고 있지만, 자료 확보의 미흡과 그에 따른 해석의 빈곤을 초래하고 있다. 저자가 특히 추적하는 것은 기생과 여학생, 가정부인들의 삶에 나타난 변화다. 3·1 운동 이후 급격히 늘어난 교육 열풍으로 거리를 온통 여자들이 메우기 시작했다. 신문에는 이들 '신여성'에 대한 당혹스러운 관람기가 실리기 시작하더니, 신여성과 서울로 유학 온 유부남과의 불륜이 대대적으로 퍼지면서 조선 반도는 연애의 열풍에 휩싸이게 된다.

연애편지라는 새로운 소통 방식, 독서를 통한 연애의 내면화, 비극적 자살로 인한 삶과 죽음의 관념에 나타난 변화는 이 지점에서 던져 볼 수 있는 질문들이고, 저자 또한 챙기고 있는 주제들이다.

식민지 근대를 읽어내는 편향성

하지만 이 책엔 중요한 게 하나 빠져 있다. '재미'가 없는 것이다. 이런 유의 책이 줄 수 있는 재미는 무엇일까? 그것은 연애의 치마 밑을 긴장되게 엿보고 조선 팔도 구석구석을 헤집는 박람(博覽)의 교차점에서 생길 만한 것이다. 그러나 이 책은 근대에 '연애'라는 근사한 거푸집을 덮어씌울 뿐 전혀 잘 빠진 결론은 내놓지 못하고 있다. 신문 사회면의 표면을 계속 미끄러져 나가면서, 어디서 한 번 본 듯한 이야기들을 열거하고 이미 일본에서 수없이 다루어 온 연애 개념의 수용 경로를 모방적으로 재구성한다는 느낌이다. 아니, 우리의 근대가 일본의 근대를 모방한 것이기 때문에 이런 연구 틀과 시각의 빌려 쓰기는 합리화될 여지가 충분히 있다. 하지만 '연애의 시대'라는 제목을 붙일 만큼의 증거들은 찾아내지 못하고 있다.

이것은 신문 읽기의 한계가 아닐까? 로버트 단턴의 『고양이 대학살』(문학과지성사 刊)이 '문화사(文化史)' 서적으로서 자신의 경쟁력을 온갖 공문서, 비밀문서, 증언 등을 통해 확보한 점은 유명하다. 과거나 지금이나 신문'만' 읽고 쓰는 글은 결코 풍부해질 수 없는 것으로 보인다. 그리고 그 당시 신문에 나온 정보를 해석학적인 작업 없이 '자명한 사실'로 받아들이고 있는 행위는, 신문 자체가 하나의 서사물이고, 특히 매우 정치적인 서사물이라는 점을 떠올릴 때 무책임하게 느껴지기도 한다.

『국민국가의 정치적 상상력』이란 책을 보면 이런 오류들이 그나마 세련된 논리마저 갖추지 못한 채 눈에 밟히고 발에 차인다. '위생 담론과 신체에 대한 인식 틀의 변환', '전쟁서사와 국민국가의 프로젝트', '꿈-서사의 민족 담론과 계몽의 수사학' 등 그동안 잘 다루지 않았던 참신한 내용을 담고 있는 것처럼 제목을 달았다.

하지만 국민국가의 프로젝트라는 문제 설정부터 문제다. 일본이라면 이런 문제 설정은 충분히 의미가 있다. 일본은 근대적인 입헌군주제를 도입해서 '군주'라는 상징물을 세우고 그것에 복종하는 '신민(臣民)'이라는 개념을 실제로 조직해 냈다. 그렇게 만들어진 국민국가를 통해 동아시아 제국으로 성장하고 서구와 어깨를 나란히 하겠다는 야심을 세웠고 실천했으니 말이다.

그러나 한국은 고작 10여 년의 애국계몽기 동안 외세의 침략에 견디고 내부의 모순들을 해결할 수 있는 '국가'에 대한 소망을 품어 본 것에 지나지 않는다. 그것은 고종이라는 구체적인 개인이 백성들의 어버이로 통하는 조선시대의 봉건 체제를 그대로 이어가는 것이었고, 갑오개혁 등을 통해서 신분제 등이 철폐되었다 하지만, 신분이라는 관념까지 없애는 근본적인 개혁이 아니었다는 점은 역사학계의 작업들을 살펴보면 충분히 수긍할 수 있다. 그리고 알다시피 조선은 그 이후 내내 식민지의 길을 걸었고 나중에는 일본의 식민지인으로서 대다수의 사람들이 자신을 인식하게 되었다.

이 책은 하지만 그런 역사적 맥락과는 전혀 상반되는 건국의 흥분감을 내내 연출한다. 마치 몇몇 지식인들의 프로젝트가 일제의 방해만 받지 않았더라면 그대로 근대 국민국가로 골인했을 것이라는 대책 없는 낙관주의를 부둥켜안은 채 말이다. 어떤 측면에서는 안 해도 되는 연구를 한다는 느낌까지 들 정도다. 그렇다고 저자들이 계몽지식인들의 국가 기획이, 해방 이후의 건국 기획과 맺는 연관에 대해서 질문을 던지는 것도 아니다. 단지 1900년대의 시점에만 시각이 고정되어 있다.

그러면 왜 이 시점에서 국민국가 프로젝트를 살펴야 하는가? 다만 당시 지식인들이 그렇게 근대를 내면화했고, 그게 지식인 주체 구성의 한 형식이었다고 말하면 충분한가? 당시 지식인들은 과연 그토록 치밀하게 지도를 그리듯 근대를 준비했을까? 근대적 매체의 마술에 의해 계몽된 건 지식인이었을까? 대중이었을까?

이 책의 첫 번째 글은 신체를 위생적으로 관리해 국가에 적합한 국민을 생산키 위한 계몽의 실천과 그에 따른 여러 인식의 변화를 추적한다. 소제목은 '질병의 발견, 위생의 정치학', '구습의 타자화, 서구적 매너의 형성', '욕망 포획과 정절의 내면화', '훈육되는 신체와 정신' 등으로 흘러간다.

또 하나 지적하지 않을 수 없는 건 과도한 구성주의적 용어들이다. 로고스 패러다임을 깨려고 후기 구조주의자들이 어렵게 발명해 낸 그 전략적 용어들이 여기선 거의 자동 녹음기처럼 연발되고 있어서 낯이 뜨거울 정도다. 특히 국가 안에 국민을 '배치'한다는 식의 용어들은 그 뒤에 무슨 말이 나올지도 대충 짐작이 갈 만큼 식상함을 준다. 그래도 여기까지는 그냥 넘어갈 수 있다.

무비판적 同人主義 문제

또다시 문제가 되는 것은 글의 전반에 등장하는 주체와 타자, 억압자와 피억압자의 구별이 전혀 현실 고려적이지 못하다는 점이다. 가령 신체를 통제하는 생체권력의 형성을 말하는 부분은 전근대와의 단절을 강조하고 있다. 근대적 교육, 인

구조사 등을 통해 파놉티콘이 형성된다는 식의 주장을 한다. 하지만 이건 매우 심각한 오해다. 몇몇 지식인들이 매체를 통해서 문명인이 되기 위해 청결을 강조한 것은 일본의 담론을 그대로 가져온 것에 불과하다. 또 근대적 교육과 인구조사의 주체는 누구였는가? 일제가 아니던가? 이런 오류를 일단 덮어두더라도 심각한 것은 근대적 생체권력이 그 전시대와 갖는 차이가 무엇인지에 대해서 전혀 언급이 없다는 것이다. 하지만 조선시대에도 유교적 신체 규율이 엄연히 있었다. 최소한 그 두개의 규율을 '단절'로 보려면 서로 치밀하게 비교하는 과정을 거쳐야 하는데 그런 것은 가볍게 생략될 뿐이다.

또한 치도(治道, 깨끗한 거리)를 위생적 신체와 일치시키는 등 'A는 B다' 식의 은유적 논의 전개 방식은 글을 흐름화하지 못하고, 끝없이 분절시키고 있다. 분절을 넘어서 파편화시키고 있다. 이것은 근대성 연구의 후발 주자로서 외국의 선행 연구자들의 관점을 일종의 '선입견'으로 갖고 연역적으로 연구하기 때문에 발생하는 문제인 것 같다.

그러니 강박이 생긴다. 앞의 글들에서 공통적인 것은 '삶은 기획되는 것'이라는 점이다. 근대에서 서구 이성에 포섭되지 않는 미적 주체의 기획 논리를 발견하자는 과도한 의욕 말이다. 물론 그런 식의 기획이 전혀 없진 않았지만, 그것이 과연 '근대성'의 차원에서 논의될 만한 성질의 욕망이었을까? 그리고 그런 욕망들이 과연 당시 조선인들의 삶의 본질을 이루고 있었을까? 의문은 멈추지 않는다.

이들 연구자들이 수시로 참조하는 일본 근대의 탈(脫)전통과 문명의 재배치는 국가권력의 구체적 실천과 당대 지식인들의 긴밀하고도 거대한 연계 아래서 이루어졌던 것이다. 한국과는 질적으로 다르다. 이런 중요한 차이는 왜 무시되는 것일까?

결과적으로 볼 때 최근 근대에 대한 미시적 탐구서들은 구체성을 잃고 수입 개념에 갇혀 있는 것으로 보인다. 이는 근대성 연구의 '동인주의(同人主義)'에서 그 원인을 어느 정도 찾을 수 있을 듯하다. 현재 국민국가, 계몽근대에 대한 연구자 집단은 상호 간의 비평적 거리를 확보하고 있지 못하다. 상호 인용은 충분히 하지만 서로의 견해에 대한 메타견해나 비판은 전혀 제시되지 않는다. 마치 일심동체인 것처럼 똑같은 주제와 소재, 관점과 기술법으로 앞으로 밀고 나가기만 한다. 이것은 이미 이웃 나라에서 한참 전에 지나갔던 유행이라는 생각을 하면 마음이 심히 괴로워진다.

우리에겐 먼저 미적 근대와 정치적 근대라는 식의 이분법을 과감히 버리는 게 필요할 듯하다. 미적이고 정치적인 것은 호소력이 충분히 있지만, 그것이 근대와 연결이 되면 논의가 뒤틀리며 '우물가에서 숭늉 찾는' 현상이 벌어진다.

차라리 글로벌 스탠더드로서의 근대 개념을 미시적인 차원에서 찾으려는 노력을 포기하고, 차라리 거시적인 차원에서 세계와 동아시아와 제국들의 틈바구니에 둘러싸였던 한국적·식민지·근대라는 전체상을 먼저 구하는 데 역량을 집중하는 게 낫지 않을까 한다.

그러기 위해서는 국내 식민주의 연구의 주류로 자리 잡은

게 인도 출신 학자들의 식민주의 연구의 틀을 그대로 가져와
서 사용하는 경향이 있다는 것에 대한 지적도 필요하다. 영국
의 식민지 경영과 일본의 식민지 경영이 달랐다는 점에서 한
국적 식민지 근대를 구하려면 제대로 된 변형이나 모델의 개
발이 필요하다.

학계의 금기를 찾아서

펴낸날	초판 1쇄 2004년 10월 25일
	초판 3쇄 2013년 7월 31일

지은이	강성민
펴낸이	심만수
펴낸곳	(주)살림출판사
출판등록	1989년 11월 1일 제9-210호

주소	경기도 파주시 문발동 522-1
전화	031-955-1350 팩스 031-624-1356
기획·편집	031-955-4662
홈페이지	http://www.sallimbooks.com
이메일	book@sallimbooks.com

ISBN	978-89-522-0302-1 04080

089 커피 이야기 `eBook`

김성윤(조선일보 기자)

커피는 일상을 영위하는 데 꼭 필요한 현대인의 생필품이 되어 버렸다. 중독성 있는 향, 마실수록 감미로운 쓴맛, 각성효과, 마음의 평화까지 제공하는 커피. 이 책에서 저자는 커피의 발견에 얽힌 이야기를 통해 그 기원을 설명한다. 커피의 문화사뿐만 아니라 커피에 대한 일반적인 정보 및 오해에 대해서도 쉽고 재미있게 소개한다.

021 색채의 상징, 색채의 심리

박영수(테마역사문화연구원 원장)

색채의 상징을 과학적으로 설명한 책. 색채의 이면에 숨어 있는 과학적 원리를 깨우쳐 주고 색채가 인간의 심리에 어떤 작용을 하는지를 여러 가지 분야의 사례를 통해 설명한다. 저자는 색에는 나름대로의 독특한 상징이 숨어 있으며, 성격에 따라 선호하는 색채도 다르다고 말한다.

001 미국의 좌파와 우파 `eBook`

이주영(건국대 사학과 명예교수)

진보와 보수 세력의 변천사를 통해 미국의 정치와 사회 그리고 문화가 어떻게 형성되고 변해왔는지를 추적한 책. 건국 초기의 자유방임주의가 경제위기의 상황에서 진보-좌파 세력의 득세로 이어진 과정, 민주당과 공화당의 대립과 갈등, '제2의 미국혁명'으로 일컬어지는 극우파의 성장 배경 등이 자연스럽게 서술된다.

002 미국의 정체성 10가지 코드로 미국을 말하다 `eBook`

김형인(한국외대 연구교수)

개인주의, 자유의 예찬, 평등주의, 법치주의, 다문화주의, 청교도 정신, 개척 정신, 실용주의, 과학·기술에 대한 신뢰, 미래지향성과 직설적 표현 등 10가지 코드를 통해 미국인의 정체성과 신념을 추적한 책. 미국인의 가치관과 정신이 어떠한 과정을 통해서 형성되고 변천되어 왔는지를 보여 준다.

058 중국의 문화코드

강진석(한국외대 연구교수)

중국의 핵심적인 문화코드를 통해 중국인의 과거와 현재, 문명의
형성 배경과 다양한 문화 양상을 조명한 책. 이 책은 중국인의 대
표적인 기질이 어떠한 역사적 맥락에서 형성되었는지 주목한다.
또한, 구체적이고 실제적인 여러 사물과 사례를 중심으로 중국인
의 사유방식에 대해 설명해 주고 있다.

057 중국의 정체성　eBook

강준영(한국외대 중국어과 교수)

중국, 중국인을 우리는 과연 어떻게 이해해야 하나? 우리 겨레의
역사와 직 · 간접적으로 끊임없이 영향을 주고받은 중국, 그러면
서도 아직까지 그들의 속내를 자신 있게 말할 수 없는, 한편으로
는 신비스럽고, 한편으로는 종잡을 수 없는 중국인에 대한 정체성
을 명쾌하게 정리한 책.

015 오리엔탈리즘의 역사　eBook

정진농(부산대 영문과 교수)

동양인에 대한 서양인의 오만한 사고와 의식에 준엄한 항의를 했
던 에드워드 사이드의 오리엔탈리즘. 이 책은 에드워드 사이드의
이론 해설에 머무르지 않고 진정한 오리엔탈리즘의 출발점과 그
과정, 그리고 현재와 미래의 조망까지 아우른다. 또한 오리엔탈리
즘이 사이드가 발굴해 낸 새로운 개념이 결코 아님을 역설한다.

186 일본의 정체성　eBook

김필동(세명대 일어일문학과 교수)

일본인의 의식세계와 오늘의 일본을 만든 정신과 문화 등을 소개
한 책. 일본인을 지배하는 이데올로기는 무엇이고 어떤 특징을 가
지는지, 일본을 주목해야 하는 이유는 무엇인지 등이 서술된다. 일
본인 행동양식의 특징과 토착적인 사상, 일본사회의 문화적 전통
의 실체에 대한 분석을 통해 일본의 정체성을 체계적으로 살펴보
고 있다.

261 노블레스 오블리주 세상을 비추는 기부의 역사

예종석(한양대 경영학과 교수)

프랑스어로 '높은 사회적 신분에 상응하는 도덕적 의무'를 뜻하는 노블레스 오블리주. 고대 그리스부터 현대까지 이어지고 있는 노블레스 오블리주의 역사 및 미국과 우리나라의 기부 문화를 살펴보고, 새로운 시대정신으로 노블레스 오블리주를 부활시킬 수 있는 가능성을 모색해 본다.

396 치명적인 금융위기, 왜 유독 대한민국인가 eBook

오형규(한국경제신문 논설위원)

이 책은 전 세계적인 금융 리스크의 증가 현상을 살펴보는 동시에 유달리 위기에 취약한 대한민국 경제의 문제를 진단한다. 금융안정망 구축 방안과 같은 실용적인 경제정책에서부터 개개인이 기억해야 할 대비법까지 제시해 주는 이 책을 통해 현대사회의 뉴 노멀이 되어 버린 금융위기에서 살아남는 방법을 확인해 보자.

400 불안사회 대한민국, 복지가 해답인가 eBook

신광영 (중앙대 사회학과 교수)

대한민국 사회의 미래를 위해서 복지는 선택이 아니라 필수라고 말하는 책. 이를 위해 경제 위기, 사회해체, 저출산 고령화, 공동체 붕괴 등 불안사회 대한민국이 안고 있는 수많은 리스크를 진단한다. 저자는 사회적 위험에 대응하기 위한 복지 제도야말로 국민 모두의 삶의 질을 높일 수 있는 길이라는 것을 역설한다.

380 기후변화 이야기 eBook

이유진(녹색연합 기후에너지 정책위원)

이 책은 기후변화라는 위기의 시대를 살면서 우리가 알아야 할 기본지식을 소개한다. 저자는 기후변화와 관련된 핵심 쟁점들을 모두 정리하는 동시에 우리가 행동해야 할 실천적인 대안을 제시한다. 이를 통해 독자들은 기후변화 시대를 사는 우리가 무엇을 해야 할 것인지에 대하여 생각해 볼 수 있을 것이다.

eBook 표시가 되어있는 도서는 전자책으로 구매가 가능합니다.

001 미국의 좌파와 우파 | 이주영
002 미국의 정체성 | 김형인 eBook
003 마이너리티 역사 | 손영호
004 두 얼굴을 가진 하나님 | 김형인
005 MD | 정욱식 eBook
006 반미 | 김진웅
007 영화로 보는 미국 | 김성곤 eBook
008 미국 뒤집어보기 | 장석정
009 미국 문화지도 | 장석정
010 미국 메모랜덤 | 최성일
015 오리엔탈리즘의 역사 | 정진농 eBook
021 색채의 상징, 색채의 심리 | 박영수
028 조폭의 계보 | 방성수
037 마피아의 계보 | 안혁
039 유대인 | 정성호 eBook
048 르 몽드 | 최연구 eBook
057 중국의 정체성 | 강준영 eBook
068 중국의 문화코드 | 강진석
060 화교 | 정성호 eBook
061 중국인의 금기 | 장범성
077 21세기 한국의 문화혁명 | 이정덕 eBook
078 사건으로 보는 한국의 정치변동 | 양길현 eBook
079 미국을 만든 사상들 | 정경희 eBook
080 한반도 시나리오 | 정욱식 eBook
081 미국의 발견 | 우수근
083 법으로 보는 미국 | 채동배
084 미국 여성사 | 이창신 eBook
089 커피 이야기 | 김성윤 eBook
090 축구의 문화사 | 이은호
098 프랑스 문화와 상상력 | 박기현 eBook
119 올림픽의 숨은 이야기 | 장원재
136 학계의 금기를 찾아서 | 강성민
137 미·중·일 새로운 패권전략 | 우수근
142 크리스마스 | 이영제
160 지중해학 | 박상진
161 동화아시아 비핵지대 | 이삼성 외
186 일본의 정체성 | 김필동 eBook
190 한국과 일본 | 하우봉 eBook
217 문화콘텐츠란 무엇인가 | 최연구 eBook
222 자살 | 이진홍 eBook
223 성, 억압과 진보의 역사 | 윤가현 eBook
224 아파트의 문화사 | 박철수 eBook
227 한국 축구 발전사 | 김성원 eBook
228 월드컵의 위대한 전설들 | 서준형
229 월드컵의 강국들 | 심재희

231 일본의 이중권력 쇼군과 천황 | 다카시로 고이치
235 20대의 정체성 | 정성호 eBook
236 중년의 사회학 | 정성호 eBook
237 인권 | 차병직 eBook
238 헌법재판 이야기 | 오호택 eBook
248 탈식민주의에 대한 성찰 | 박종성 eBook
261 노블레스 오블리주 | 예종석
262 미국인의 탄생 | 김진웅
279 한국인의 관계심리학 | 권수영
282 사르트르와 보부아르의 계약결혼 | 변광배 eBook
284 동유럽의 민족 분쟁 | 김철민
288 한미 FTA 후 직업의 미래 | 김준성
299 이케다 하야토 | 권혁기 eBook
300 박정희 | 김성진 eBook
301 리콴유 | 김성진 eBook
302 덩샤오핑 | 박형기 eBook
303 마거릿 대처 | 박동운 eBook
304 로널드 레이건 | 김형곤 eBook
305 셰이크 모하메드 | 최진영
306 유엔사무총장 | 김정태
312 글로벌 리더 | 백형찬
320 대통령의 탄생 | 조지형
321 대통령의 퇴임 이후 | 김형곤
322 미국의 대통령 선거 | 윤용희
323 프랑스 대통령 이야기 | 최연구
328 베이징 | 조창완
329 상하이 | 김윤희
330 홍콩 | 유영하
331 중화경제의 리더들 | 박형기
332 중국의 엘리트 | 주장환
333 중국의 소수민족 | 정재남
334 중국을 이해하는 9가지 관점 | 우수근
344 보수와 진보의 정신분석 | 김용신
345 저작권 | 김기태
357 미국의 총기 문화 | 손영호
358 표트르 대제 | 박지배
359 조지 워싱턴 | 김형곤
360 나폴레옹 | 서정복
361 비스마르크 | 김장수
362 모택동 | 김승일
363 러시아의 정체성 | 기연수
364 너는 사탕 위험한 로봇이다 | 오은
365 발레리나를 꿈꾼 로봇 | 김선혁
366 로봇 선생님 가라사대 | 안동근
367 로봇 디자인의 숨겨진 규칙 | 구신애

368 로봇을 향한 열정, 일본 애니메이션 | 안병욱
378 데킬라 이야기 | 최명호 eBook
380 기후변화 이야기 | 이유진 eBook
385 이슬람 율법 | 공일주 eBook
390 법원 이야기 | 오호택 eBook
391 명예훼손이란 무엇인가 | 안상운
392 사법권의 독립 | 조지형
393 피해자학 강의 | 장규원 eBook
394 정보공개란 무엇인가 | 안상운 eBook
396 치매국적인 금융위기,
    왜 유독 대한민국인가 | 오형규 eBook
397 지방자치단체, 어디로 새고 있나 | 최인욱 eBook
398 스마트 위험사회가 온다 | 민경식 eBook
399 한반도 대재난, 대책은 있는가 | 이정직 eBook
400 불안사회 대한민국,
    복지가 해답인가 | 신광영 eBook
401 21세기 대한민국 대외전략:
    냉정적 평화란 없다 | 김기수 eBook
402 보이지 않는 위협, 종북주의 | 류현수 eBook
403 우리 헌법 이야기 | 오호택 eBook
405 문화생활과 문화주택 | 김용범 eBook
406 미래 주거의 대안 | 김세용·이재준 eBook
407 개방과 폐쇄의 딜레마,
    북한의 이중적 경제 | 남성욱·정유석 eBook
408 연극과영화를 통해 본 북한사회 | 민병욱 eBook
409 먹기 위한 개방, 살기 위한 핵외교
    | 김계동 eBook
410 북한 정권 붕괴 가능성과 대비 | 전경주 eBook
411 북한을 움직이는 힘, 군부의 패권경쟁
    | 이영훈 eBook
412 인민의 천국에서 벌어지는 인권유린
    | 허만호 eBook
428 역사로 본 중국음식 | 신계숙 eBook
429 일본요리의 역사 | 박병학 eBook
430 한국의 음식문화 | 도현신 eBook
431 프랑스 음식문화 | 민혜련 eBook
438 개헌 이야기 | 오호택
443 국제 난민 이야기 | 김철민

㈜**살림출판사**

www.sallimbooks.com

주소 경기도 파주시 문발동 522-1 | 전화 031-955-1350 | 팩스 031-955-1355